Mykola Davydiuk

Wie funktioniert Putins Propaganda?
Anmerkungen zum Informationskrieg des Kremls

Aus dem Ukrainischen übersetzt von Christian Weise

UKRAINIAN VOICES

Collected by Andreas Umland

15 Olesya Khromeychuk
    A Loss
    The Story of a Dead Soldier Told by His Sister
    With a foreword by Andrey Kurkov
    ISBN 978-3-8382-1570-9

16 Marieluise Beck (Hg.)
    Ukraine verstehen
    Auf den Spuren von Terror und Gewalt
    Mit einem Vorwort von Dmytro Kuleba
    ISBN 978-3-8382-1653-9

17 Stanislav Aseyev
    Heller Weg
    Geschichte eines Konzentrationslagers im Donbass 2017–2019
    Aus dem Russischen übersetzt von
    Martina Steis und Charis Haska
    ISBN 978-3-8382-1620-1

18 Mykola Davydiuk
    Wie funktioniert Putins Propaganda?
    Anmerkungen zum Informationskrieg des Kremls
    Aus dem Ukrainischen übersetzt von Christian Weise
    ISBN 978-3-8382-1628-7

The book series "Ukrainian Voices" publishes English- and German-language monographs, edited volumes, document collections, and anthologies of articles authored and composed by Ukrainian politicians, intellectuals, activists, officials, researchers, and diplomats. The series' aim is to introduce Western and other audiences to Ukrainian explorations, deliberations and interpretations of historic and current, domestic, and international affairs. The purpose of these books is to make non-Ukrainian readers familiar with how some prominent Ukrainians approach, view and assess their country's development and position in the world. The series was founded and the volumes are collected by Andreas Umland, Dr. phil. (FU Berlin), Ph. D. (Cambridge), Associate Professor of Politics at the Kyiv-Mohyla Academy and Senior Expert at the Ukrainian Institute for the Future in Kyiv.

Mykola Davydiuk

WIE FUNKTIONIERT PUTINS PROPAGANDA?

Anmerkungen zum Informationskrieg des Kremls

Aus dem Ukrainischen übersetzt von Christian Weise

Bibliografische Information der Deutschen Nationalbibliothek
Die Deutsche Nationalbibliothek verzeichnet diese Publikation in der Deutschen Nationalbibliografie; detaillierte bibliografische Daten sind im Internet über http://dnb.d-nb.de abrufbar.

Bibliographic information published by the Deutsche Nationalbibliothek
Die Deutsche Nationalbibliothek lists this publication in the Deutsche Nationalbibliografie; detailed bibliographic data are available in the Internet at http://dnb.d-nb.de.

УКРАЇНСЬКИЙ ІНСТИТУТ //ІІІКНИГИ

Dieses Buch wurde mit Unterstützung des Translate Ukraine Translation Program veröffentlicht.
This book has been published with the support of the Translate Ukraine Translation Program.

Erstveröffentlichung in ukrainischer Sprache: Давидюк, Микола. Як працює путінська пропаганда. — К. : Смолоскип, 2016. — 200 с. © Smoloskyp publishers, 2016. © Mykola Davydiuk, 2016.

Coverabbildung: Yurii Barabash.

ISBN-13: 978-3-8382-1628-7
© *ibidem*-Verlag, Stuttgart 2021
Alle Rechte vorbehalten

Das Werk einschließlich aller seiner Teile ist urheberrechtlich geschützt. Jede Verwertung außerhalb der engen Grenzen des Urheberrechtsgesetzes ist ohne Zustimmung des Verlages unzulässig und strafbar. Dies gilt insbesondere für Vervielfältigungen, Übersetzungen, Mikroverfilmungen und elektronische Speicherformen sowie die Einspeicherung und Verarbeitung in elektronischen Systemen.

All rights reserved. No part of this publication may be reproduced, stored in or introduced into a retrieval system, or transmitted, in any form, or by any means (electronic, mechanical, photocopying, recording or otherwise) without the prior written permission of the publisher. Any person who does any unauthorized act in relation to this publication may be liable to criminal prosecution and civil claims for damages.

Printed in the EU

Gewidmet ist das Buch gewöhnlichen Helden, unbekannten Ukrainern und Vertretern anderer Länder, die die Ukraine im schwierigsten Moment der modernen Geschichte verteidigten, Patrioten, die entgegen der Logik der Ungleichheit gegen die Okkupanten und Terroristen in den Kampf zogen und so den Frieden, die Menschen und die ukrainische Staatlichkeit verteidigten.

Den Freiwilligen, Soldaten, Volontären und Journalisten.

Den Russen, die niemals sagen werden „Die Krim ist unser" und „In der Ukraine gibt es einen Bürgerkrieg", sondern die die Verbrechen des Regimes verurteilen und von ganzem Herzen Frieden suchen.

Inhalt

Vorwort 11

Einführung 15

Abschnitt I: Ideologie 21
  Plante Putin, die Ukraine anzugreifen? 21
  Was ist die *Russische Welt*? 25
  Hybrider Separatismus des Kremls 32
  Welches sind die Problemgebiete der postsowjetischen
  Staaten? 36
  Putins Verbündete sind die korrupten Eliten 39
  Funktioniert die *Russische Welt* außerhalb Russlands? Nicht
  russischsprachige prorussische Lobbyisten in der EU 44
  Deutschland, die Tschechische Republik und die baltischen
  Staaten – ein europäisches Theater russischer Propaganda? .. 46
  Der Einfluss des Kremls in den baltischen Staaten 47
  Unterstützung für Putins Politik und die Aktivitäten
  prorussischer Politiker in den baltischen Staaten 49
  Die Tschechische Republik – Überbleibsel des Kommunismus
  und des Einflusses des Kremls 51
  Die Zielgruppe der *Russischen Welt* 53

Abschnitt II: Propaganda 55
  Propaganda und Medienmanipulation – Fallanalysen ... 55
  Wer ist auf technischer Ebene für Propaganda
  verantwortlich? 57
  Welches sind die russischen Medien? 59
  LifeNews – ein Kriegskanal? 61
  Russia Today ist heute Putins internationales Sprachrohr 62
  Für wen ist die „Propaganda" bestimmt? 65

Wer sind die „Gastspieler"? Verwandlung von Informationsbedrohungen in realen physischen Schaden und Verlust 66

Wer sind die Experten? Oder wie alles zumindest nachträglich erklärt werden kann 69

Manipulationen in Aktion. Ein Beispiel aus Deutschland. Fake-Nachrichten – das „Mädchen Lisa" als Beispiel hybrider Kriegsführung 72

Politische Shows 77

Internet. Welche Rolle spielten soziale Netzwerke bei den Ereignissen von 2014–2016 in der Ukraine und in Russland?82

Blockierung von Benutzern auf Facebook und Suche nach separatistischen Aufständischen über soziale Netzwerke..... 83

Fakes und Bots 87

SMS als Alternative zu Flugblattpropaganda 89

Das Problem mit den Mobilfunkbetreibern 92

Abschnitt III: Widerstand 94

Die Antwort der Ukraine auf russische Propaganda 97

Freiwilligenbataillone als eine rechtzeitige Alternative zur Armee 98

Positive Stimmungsmache durch Informationskampagnen 102

Wie die Volontärbewegung geschaffen wurde 104

Hacker und kostenlose Informationsplattformen 108

OSINt und Bürger-Journalismus 110

InformNapalm 112

Bellingcat.. 114

Stopfake.org.. 116

Fernsehen als Kriegsschauplatz... 119

Boykottierung von Waren und Dienstleistungen des Aggressors 122

Dekommunisierung 125

Über die Bedeutung der Identifizierung der Bevölkerung und
der lokalen Eliten mit dem Staat.. 131

Glossar des Autors 135

Dank 139

Vorwort

Ich habe dieses Buch nicht nur für Ukrainer geschrieben, sondern auch für Belarussen, Kasachen, Armenier, Aserbaidschaner, Kirgisen, Turkmenen und alle Freunde der Ukraine, mit denen wir in der ehemaligen Sowjetunion waren und mit denen wir für einen gemeinsamen europäischen Weg der Werte zusammenarbeiten konnten, um die Geschichte unabhängiger erfolgreicher Staaten zu schaffen. Wir erleben eine äußerst schwierige Befreiung aus der sowjetischen Identität und eine Zeit der Aggression Putins, mit der Sie leichter kämpfen können mit der Erfahrung ukrainischer nationaler Siege – vor allem den Siegen über sich selbst. Ich habe dieses Buch auch für Polen, Esten, Litauer, Letten, Finnen, Norweger, Dänen und Schweden geschrieben, für all unsere Freunde aus dem Norden, die wie wir eine für beide Seiten vorteilhafte Beziehung zu Russland haben möchten, statt nach Möglichkeiten des Schutzes vor dem „Kremlbären" zu suchen.

Leider vermochte und erreichte es die Ukraine nicht, die gesamte georgische Erfahrung des Widerstandes gegen die militärische Okkupation russischer Truppen im Jahr 2008 zu nutzen, wodurch sie erhebliche Verluste erlitt und der Besetzung der Krim nicht angemessen widerstehen konnte. Leider hat die Ukraine nicht die notwendigen und nützlichen Schlussfolgerungen aus dem Finnischen Krieg gezogen, als ein Teil des europäischen Territoriums ebenfalls vom Russischen Imperium erobert wurde. Als Politikwissenschaftler und als Ph. D. im Bereich Medien und Politik habe ich beschlossen, die wichtigsten Fakten der Informationsmanipulation und Propaganda zusammenzutragen und zu analysieren.

Schließlich ist es notwendig, nicht nur die möglichen Werkzeuge des Feindes zu beschreiben, sondern auch zu demonstrieren, dass Widerstand möglich ist, weshalb der letzte Teil des Buches erfolgreiche Geschichten des Widerstands enthält.

Unsere Erfahrung ist nicht allumfassend oder exklusiv, sondern eher persönlich, aber nicht weniger nützlich. Die Arbeit basiert auf realen praktischen Fällen, der Analyse spezifischer Fakten,

Ereignisse, Manipulationen und Konfrontationen. Das Buch hat einen rein pädagogischen Zweck, nämlich ein Feld für Analyse und Reflexion zu schaffen, Informationen zum Verständnis der Ereignisse bereitzustellen, die früher stattgefunden haben und bis heute andauern.

Die Aufgabe der Untersuchung ist es zu beweisen, dass es möglich ist, gegen das russische Imperium und seine gewaltige Armee zu kämpfen, dass die Propagandamaschine besiegt werden kann, aber nicht nach ihren eigenen Methoden. Schließlich sollten imperialen Ambitionen Patriotismus und Engagement, Propaganda Wahrheit und ehrlicher Journalismus, Terroristen und Söldnern Freiwillige und Volontäre entgegengesetzt werden. Es sind nicht Maschinen, die auf dem Schlachtfeld kämpfen, sondern Menschen. Propaganda wird nicht von Computern erzeugt, und das Geld aus der Öl- und Gasförderung geht tendenziell zur Neige.

Ich möchte Ihre Aufmerksamkeit auf die Tatsache lenken, dass das Buch keine Richtlinien für die zukünftige Gegensteuerung gegen Putins Russland, seine Satelliten oder anderen Feinden enthält, die unser friedliches Leben bedrohen könnten. In dem Buch geht es mehr um die Notwendigkeit, darauf vorbereitet zu sein, auf alle möglichen Manifestationen von Aggression zu reagieren, von Panzern und schweren Waffen bis hin zu Konfrontationen in sozialen Netzwerken, Medien und Blogging-Plattformen. Die Geschichten des Angriffs und die Erfolge der Bekämpfung sind persönlich und reagieren auf die Herausforderungen ihrer Zeit und ihres Ortes. Sie können nicht immer einfach kopiert und an anderer Stelle reproduziert werden.

In dem Buch geht es mehr um Investitionen in eine intelligente und verteidigungsbereite Bevölkerung als um den Bau einer passablen Festung oder Befestigungsmauer, die bereits zu Beginn ihres Baus als veraltet gilt. Die Entwicklung der Militär- und Informationstechnologien ist so schnell, dass es heute notwendig ist, auf die Herausforderungen von morgen zu reagieren, sodass es tatsächlich unmöglich ist, bestimmte Fälle vorherzusehen oder zu prognostizieren. Aber es ist möglich, die Basis für Widerstand vorzubereiten. Es lohnt sich zu wissen, wie die Ukraine sich gegen prorussische Terroristen und Separatisten gewehrt hat, um unsere Fehler nicht zu wiederholen, nur bewährte Verfahren anzuwenden und stärker und besser vorbereitet zu sein als 2014 während der plötzlichen Intervention russischer Truppen auf der sonnigen Krim und im friedlichen Donbass.

Einführung

Moskau, Flughafen Scheremetjewo.
2015

Drei Tagen vor der Fernsehsendung in Moskau begann ich mich vorzubereiten: Ich traf mich mit Journalisten, Bloggern, Medienleuten und Politikwissenschaftlern. Ich wusste, dass ich nichts falsch machen darf. Denn wenn ich hingehe, dann nur für den ideologischen Sieg! Ich bin kein Romantiker und verstand, was die Absurdität des Kremls ausmacht, was Propaganda ist und wie sie präsentiert wird. Ich sammelte viele Fotobeweise, weil ich verstand, dass Worte dort niemanden überzeugen würden.

Ich hatte vor, folgende Botschaften zu übermitteln:

- Das illusorische Noworossia ist nicht der Südosten der Ukraine bis zum Schwarzen Meer, sondern es sind nur zwei oder drei Bezirke in den Gebieten Donezk und Luhansk;
- Das Gesetz über die Dekommunisierung handelt von der Vereinigung des Landes und von Gerechtigkeit, nicht von einem Verbot von Medaillen für Veteranen;
- Reformen begannen und ein Jahr später kamen Botschaften wie „Was ist mit den *Chochly*[1] los?", die sich dann änderten zu „Nun, wie geht es ihnen dort in Europa?";
- Haben die Russen nicht den Eindruck, dass die *Russische Welt* gescheitert ist, als die Burjaten begannen, orthodoxe Ukrainer im Osten dafür zu töten?

Aber ich wusste auch, dass sie fragen würden, wo mein Großvater gekämpft hat. Das ist eine übliche Manipulation in Russland, um zu zeigen, dass wir undankbare Nachkommen sind, wenn mein Großvater für die sowjetische Armee kämpfte, oder Faschisten, wenn meine Verwandten für die Ukrainische Aufständische Armee

---

[1] *Chochly* ist eine starke Beschimpfung der Ukrainer. Das Wort bezeichnet die *Heringsschwänze* genannten Stirnlocken der Kosaken. (Anm. d. Übers.)

(UPA) kämpften. Aber meine Großväter, oder besser gesagt meine Urgroßeltern, haben eine solche Frage offenbar antizipiert, und so war einer von ihnen in der UPA und der andere in der Roten Armee. Es war mir immer wichtig, darüber zu sprechen und so Menschen aus verschiedenen Teilen der Ukraine zu vereinen.

Ich habe viel mit unserem Militär aus der Ostukraine gesprochen und alle Blogs und Artikel durchgeschaut. Ich notierte alle ideologischen „Spielfiguren" oder Tricks des Kremls.

Die Zeit im Studio war intensiv, manipulativ, sehr emotional und dauerte ungefähr fünf Stunden. Obwohl sie nur 40 Minuten für jede der beiden Episoden brauchten. Damals verstand ich noch nicht, wozu so viel Meter zusätzliche Aufnahmen ...

Nach der Aufnahme verließ ich lächelnd und zufrieden das Studio, wie mir damals schien, lief alles super. Wir hatten die richtigen Botschaften übermittelt, die proukrainische Position verteidigt und die Anwesenheit russischer Truppen demonstriert. Meine Hochstimmung wurde vom Redakteur bemerkt, der ziemlich dreist antwortete: „Freuen Sie sich nicht, das ist unsere Show, wie wir es wollen, so schneiden wir auch." Erst später wurde mir klar, was er meinte, als das Filmmaterial auf dem Fernsehbildschirm praktisch nicht wiederzuerkennen war.

Ich ging zum Mjasnizkaja-Ufer, an die Stelle, an der Boris Nemzov getötet wurde. Ein Mann, der ein echter Russe und gleichzeitig ein Freund der Ukraine war, kein postsowjetischer Modernist und Ukrainophob, wie es heute in Moskau üblich ist. Die gesamte Stadt war mit Sankt-Georgs-Bändchen übersät: vom Flughafen bis zu den Fußgängerstreifen, von den Abgeordneten bis zu den Obdachlosen am Stadtrand. Eine Art totale Parade von Tod und Absurdität. Was das Empfinden, in einer parallelen Realität zu sein, weiter bestärkte.

Ich wollte nicht länger in Moskau verweilen und herumlaufen, weil es mir irgendwie unangenehm war, außerdem wollte ich die Zollkontrolle so schnell wie möglich passieren. Aufgrund dessen, was gesagt und erklärt wurde, wollte ich definitiv dort nicht bleiben.

Bereits am Flughafen wartete ich auf mein Flugzeug und las die Nachricht der Pressesprecherin eines der wichtigsten Oppositionellen der Russischen Föderation, Alexei Nawalny, Anna Weduta, die auf ihrer Facebook-Seite Nadeschda Tolokonnikowa, eine Aktivistin der Oppositionsbewegung Pussy Riot, repostete und das wahrgenommene russische Bild weiter ergänzte.

> Hätte ich 2008 ahnen können, dass Putins ideologischer Apparat sich um 180 Grad drehen und die demonstrative Entpolitisierung, die wahrgenommene Fadheit der „Stabilität", den scheinbar vagen „Plan Putins" (von dem niemand etwas weiß außer der Tatsache, dass er einst existierte) verändern würde zu einer aggressiven, propagandistischen Mobilisierungspolitik? Putin hat sich lange warmgelaufen. Er griff nach einer Ideologie, spielte mit Konzepten. Er griff zuerst die Religion auf, spielte die Pussy-Riot-Karte und machte Patriarch Kirill zum Headliner aller TV-Programme des Jahres 2012. Dann wurde die Sportkarte gespielt – die Olympischen Spiele oder, wenn Sie möchten, *Olympia* (1938, Leni Riefenstahl). Und jetzt die *Russische Welt*, der „Russische Frühling", die „nationalen Verräter", die „fünfte Kolonne" und die freiwillige Isolation. Ich weiß nicht, wie Sie das alles wahrnehmen, wenn schon mein Bewusstsein, das von der Absurdität einer russischen Kolonie vergewaltigt und geprüft ist, sich weigert, eine solche Realität zu akzeptieren.

Dort am Flughafen verstand ich drei Dinge:

- Schrecklicher als Putin, der sich selbst zerstören wird, sind die Rache der Moskauer Regionalen und Janukowytsche und unsere internen Streitigkeiten, die wir hier austragen;
- Unsere Untätigkeit: wir haben niemanden für die Verbrechen gegen den Majdan bestraft, niemanden für die tragischen Maitage in Odessa, für die sogenannten Selbstmorde von Regionalen. Das aber ist Nahrung für die Revanchisten;

- Auftraggeber und Ausführende der Verbrechen sind bekannt, aber niemand sagt etwas, niemand tut etwas. Die politische Elite in Kyjiw glaubt, dass alles ruhig bleiben wird, ohne Konkurrenz, eine Art *Petschersker interne Mauschelei*.[2]

Nein, Freunde, die frühere Partei der Regionen bereitet einen Putsch vor. Sie haben ein „Wir" entwickelt, das sich nicht mehr mit der Partei der Regionen identifiziert. „Janukowytsch hat sie verraten." Sie sind alle Opfer und warten auf Rache. Natürlich gehen sie momentan in Moskau nicht weiter als bis Rubljowka oder Sadowoje Kolzo. Aber das Wolfsrudel wartet auf den richtigen Moment.

Und es wäre ein Verbrechen, wenn wir nach dem Majdan, nach Zehntausenden von Toten in der Ostukraine unseren Staat wieder in die Hände prorussischer Putinisten übergeben, die sich an den Ukrainern für ihre politische Auswanderung und den Sturz des Janukowytsch-Regimes rächen werden.

Ich mag zu emotional klingen, aber ich habe für mich entschieden, dass ich es von nun an zehnmal besser machen werde, wenn ich den Jungs von ATO irgendwo geholfen habe. Wenn ich die Regierung wegen Untätigkeit kritisierte, dann werde ich es hundertmal aktiver tun. Und wenn ich mein Land liebte und es verteidigte, dann werde ich es millionenfach stärker tun.

Wir haben keine Rückzugsmöglichkeiten und es besteht die Gefahr einer Niederlage. Wir haben *einen* Weg, den Sieg. Trotz globaler Pläne und Wünsche des Diktators Putin und trotz unserer internen Verräter sind wir gezwungen, aus dieser depressiven Zone auszubrechen und ein reiches, glückliches Land zu werden, wo Recht herrscht. Andernfalls würden wir unterjocht in ewiger Sklaverei leben. Wie schon auf der Mjasnyzkaja-Uferstraße geschrieben stand: *Kämpfe!*

---

[2] Der Kyjiwer Stadtteil Petschersk umfasst die historischen Bereiche des Stadtzentrums von Kyjiw. Hierzu zählt außer dem Areal des Höhlenklosters auch das Regierungsviertel, in dem intern viele Posten und Gelder verteilt werden. (Anm. d. Übers.)

Mein Flugzeug landete in Boryspil und es war wahrscheinlich meine glücklichste Rückkehr nach Hause.

Ein Jahr nachdem ich diesen Text auf meinem *Facebook*-Profil veröffentlicht hatte und von den Dreharbeiten zu jener Fernsehsendung zurückgekehrt war, beschloss ich, ein Buch zu schreiben. Dies könnte die Fälle von Informationsmanipulationen im Kreml, die ich gesehen und analysiert habe, weitergeben sowie Erfolgsgeschichten zeigen, wo Menschen Attacken von Militär und Informationen widerstehen konnten.

Es sind Siegesgeschichten, in denen Bürger allein oder als Gruppe den Angreifer zurückwiesen, ohne aufzuhören zu arbeiten, sich der Erziehung ihrer Kinder und der Fürsorge für ihre Eltern zu widmen.

Ich glaube und weiß, dass Sie in diesen wahren Helden unseres täglichen Lebens einen Teil von sich selbst erkennen werden.

Analysieren Sie und lassen Sie sich inspirieren!

* Zum besseren Verständnis einiger Begriffe, die im Text gelegentlich kursiv gesetzt wurden, habe ich am Ende des Buches ein kurzes Glossar angefügt.

Abschnitt I: Ideologie

Plante Putin, die Ukraine anzugreifen?

Vorbereitungen

Viele glauben, dass Putins Reaktion, die Annexion der Krim, emotional und spontan war, ausgelöst durch eine tiefe Verzweiflung über die Ereignisse, die Anfang 2014 in der Ukraine stattfanden. So zu denken wäre natürlich naiv, denn Verzweiflung ist ein sehr zweifelhaftes Gefühl für eine solche Person. Darüber hinaus hat Russland lange geplant, einen Teil der Ukraine zu besetzen, falls es die totale Kontrolle über den Staat verliert. Es gibt viele Fakten, die dies bestätigen.

„Während des NATO-Gipfels in Bukarest im April 2008 sagte Wladimir Putin zu US-Präsident George W. Bush: ‚Die Ukraine ist überhaupt kein Staat. Ein Teil ihres Territoriums ist Osteuropa, und einen Teil, einen bedeutenden, haben wir geschenkt. Wenn die Ukraine der NATO beitritt, wird sie ohne Krim und den Osten auskommen, sie wird einfach auseinanderfallen.' Diese Ideen wurden zur Grundlage der strategischen Vision der Russischen Föderation in der neuen Expansionsphase, die wahrscheinlich auf einer gemeinsamen Sitzung des Sicherheitsrates und des Staatsrates der Russischen Föderation am 25. Dezember 2008 formuliert wurde", so Wolodymyr Horbulin, Direktor des *Nationalen Instituts für Strategische Studien der Ukraine*, in seinem Artikel zum zweiten Jahrestag der russischen Aggression.[3]

Es ist klar, dass die von Horbulin genannten Informationen vertraulich sind, aber sie lassen sich sehr einfach überprüfen anhand der später öffentlich wiederholten Äußerungen des Kremls, in den Fernsehsendungen, die dann nur im Rahmen der oben genannten ideologischen Überlegungen wirkten. Es ging sowohl um den Mythos des Geteiltseins der Ukraine als auch um die russische

---

[3] http://texty.org.ua/pg/news/textynewseditor/read/65583/Gorbulin_dokla dno_proanalizuvav_jak_Rosija_rokamy_gotuvalasa

Aggression auf der Krim und im Osten der Ukraine und das russische Kapital, das in die Ukraine kam, nicht um Geld zu verdienen, sondern um politische Spiele zu treiben.[4] Und die beste Bestätigung kann ein Dokument sein, das am 24. Februar 2015 von der *Nowaja Gaseta* (Moskau) veröffentlicht wurde, ein Plan zur Entfremdung der östlichen Regionen der Ukraine. Der mutmaßliche Autor der Veröffentlichung ist der orthodoxe Geschäftsmann Konstantin Malofejew, der Adressat ist die Administration des Präsidenten der Russischen Föderation. Die Zeitung glaubt, dass das Dokument zwischen dem 4. und 12. Februar 2014 auf Wladimir Putins Tisch gelegt wurde, d.h. als der Präsident der Ukraine noch Wiktor Janukowytsch war, ein Schützling Moskaus.

Das Dokument beschreibt klar und deutlich alle pragmatischen Vorteile des Kremls, seine ideologischen Siege und politischen Bonuspunkte im Falle der Okkupation des Gebietes.[5]

Die Politik des Kremls ist bekannt für ihre Konsistenz. Alles ist immer geplant, Ordner mit langfristigen Plänen werden geschrieben, abgestimmt, neu abgestimmt und genehmigt.

Vor einem Angriff wird stets diskreditiert: Alle Angriffe sind so geplant, dass sie kein Schuldgefühl für die russische Bevölkerung erzeugen, die keine Überraschungen mag, insbesondere wenn sie über die Erwartungen und traditionellen Szenarien hinausgehen.

Der ukrainische Journalist Ihor Solowej, welcher mehrere Jahre als Korrespondent von „Ukrinform" in Moskau arbeitete und derzeit die internationale Abteilung der Online-Publikation von „Liwyj Bereh" (LB.ua) in Kyjiw leitet, sagt, dass der Kreml normalerweise, bevor er einen Gegner angreift, eine „schwarze Kampagne" zu Diskretitierung seines Ziels beginnt.[6] Er legitimiert sozusagen seine weiteren Aktionen gegen das zukünftige Opfer. Und es spielt keine Rolle, ob es sich um ein Land handelt, das sie anzugreifen beschlossen haben, oder um eine Ölgesellschaft, die an

---

4 http://www.youtube.com/watch?v=filOrnJDxOQ
5 http://www.novayagazeta.ru/politics/67389.html
6 Seit September 2021 leitet Solowej im Kulturministerium das Zentrum für strategische Kommunikation und Informationssicherheit. (Anm. d. Übers.)

andere Eigentümer übertragen werden soll. Die Szenarien sind ähnlich. Man schafft eine einfache und logische Konstruktion: Zunächst Diskreditierung, Ausführung der Aktion und dann Beeinflussung der öffentlichen Meinung, etwa durch Verbreitung der Nachricht, dass die Regierung gegen das Böse kämpfe, Gerechtigkeit schaffe und die Russen selbst schütze.

Wenn wir den Angriff auf die Ukraine analysieren, können wir groß angelegte Kampagnen zur Aufdeckung des Faschismus in der Ukraine sehen, Finanzierung rechtsextremer nationalistischer Bewegungen, provokative Aktionen, Gaskrieg, eine Reihe von Handelskriegen, die Schließung des russischen Marktes für ukrainische Produkte und eine starke mediale Unterstützung. Das Bild des Ukrainers wurde in das eines „besinnungslosen Nationalisten", eines „Faschisten", eines „Mörders" und eines „Russophoben" verwandelt. Noch während der russischen Intervention wurden die folgenden Bilder aus dem politischen Epos aufgenommen, um die ukrainischen Behörden, Soldaten, Verteidiger und Freiwilligen zu beschreiben, später wurden sie häufig in den Medien verwendet: *Junta, Punisher*[7], *UkrOpy*. Während der Militärkampagne selbst las man nicht nur einmal Schlagzeilen wie:

- Arsenij Jazenjuk (der XV. Premierminister der Ukraine) kämpfte in Tschetschenien und beteiligte sich an Folter und Hinrichtung russischer Kriegsgefangener.
- Der betrunkene Herr Poroschenko (der V. Präsident der Ukraine), der zu Putin lostorkelte, wurde aus dem Flug „Kyjiw–Moskau" hinausbefördert.
- Tausende Ukrainer freuen sich über den Flugzeugabsturz mit russischen Opfern in Ägypten.
- Der Kommandeur des Bataillons *Dnipro-1* beichtete im ukrainischen Fernsehen, wie er Faschist geworden war.
- Ein Junge wurde unter Drogen gesetzt und zu einem Ziel von Raketen gemacht.

---

[7] Der Punisher oder Bestrafer ist eine fiktive Figur aus den Marvel Comics. (Anm. d. Übers.)

- Sie nahmen einen 3-jährigen Jungen, kreuzigten ihn wie Jesus an einem schwarzen Brett und zwangen die Mutter des Kindes, zuzuschauen, wie ihr Kind verblutete.
- Der Leiter der SBU überwachte persönlich die Freilassung eines möglichen Organisators des Terroranschlags in der Türkei.
- Ähnliche Szenarien, die dem Informationsschlag vorausgehen, lassen sich auch in Russland selbst am Beispiel von Politik, Wirtschaft oder sogar Bürokratie beobachten.

Wenn Sie ein negatives Bild des Ziels erstellen, ist es sehr einfach, eine Aggression dagegen zu rechtfertigen. Schließlich kommt aus der Gesellschaft selbst die Forderung nach Aktion, Bestrafung und Schaffung von Gerechtigkeit. Daher handelt die Regierung im Rahmen der öffentlichen Erwartungen, die sie freilich selbst schafft.

Aber die überwiegende Mehrheit der Bevölkerung versteht das nicht und versucht nicht, es zu verstehen, weil es viel angenehmer ist, in einer Welt zu leben, in der alles in bekannten, klaren Szenarien geschieht, in denen keine wichtigen Entscheidungen getroffen werden müssen. Typisches patriarchalisches Denken, welches aufgrund historischer Ereignisse und der Entwicklung des Landes in Russland sehr beliebt ist – was die politische Führung in der Tat auch gekonnt zu ihrem Vorteil nutzt.

Und als Putin erkannte, dass er wegen seines politischen Vasallen Janukowytsch die Kontrolle über die Ukraine verlor, beschloss er, einem seit langem und gut vorbereiteten Plan zu folgen: der Teilung der Ukraine und der Besetzung ihres südöstlichen Teils. Sein einziger Fehler bestand darin, dass er seine Fähigkeiten überschätzte, die Geschlossenheit der ukrainischen Bevölkerung angesichts des Feindes, die Existenz einer zivilen Alternative zur seinerzeit ruinierten Armee und die Einigkeit der internationalen Gemeinschaft angesichts des Angreifers aber unterschätzte. Aber der Reihe nach. Beginnen wir mit der offiziellen Ideologie.

Was ist die *Russische Welt*?

Die Russische Welt ist ein orthodoxer IS
W. Horbulin

Nach Zusammenbruch der Sowjetunion und Beginn des demokratischen Chaos, das in Russland herrschte und zur Entstehung der Oligarchie beitrug, ersetzte der Tschekist Wladimir Putin aus Sankt Petersburg den nicht mehr jungen und kränkelnden Boris Jelzin. Er kam freilich nicht allein, sondern mit Unterstützung oligarchischer Gruppen und insbesondere von Boris Beresowskij. Dieser wurde später Putins größter öffentlicher Feind und starb unter seltsamen Umständen im Exil in London.

Als Putin an die Macht kam, mischte er sofort alle Karten und oligarchischen Aufteilungen, begann die Medien zu unterdrücken und Terroranschläge zu manipulieren, was die Aufmerksamkeit der Bevölkerung effektiv von der Wirtschaft und der Armut ablenkte und Angst sowie Schutzbedürfnis auslöste. Das verlagerte erfolgreich den Schwerpunkt und präsentierte den jungen Politiker im „richtigen" Licht.

Analysten, die die Psychologie und den Psychotyp Putins studiert haben, weisen darauf hin, dass Wladimir Wladimirowitsch die Sowjetunion sehr sentimental sieht. Einmal erklärte er sogar öffentlich, ihr Zusammenbruch sei die größte Tragödie des 20. Jahrhunderts. Die Familien von Millionen von Gefangenen, die in sibirischen Konzentrationslagern starben, sind völlig anderer Meinung. Aber lassen Sie uns mit Putin fortfahren, der, nachdem er die Führung des zusammengebrochenen Imperiums übernommen hatte, davon träumte, es wiederzubeleben. Im Grunde genommen mussten die Kreml-Ideologen nicht nur für den innenpolitischen Markt arbeiten, sondern auch nach der richtigen und notwendigen Ideologie suchen, die dazu beitragen würde, die Expansion des Imperiums zu erweitern und den alten Ruhm wiederzubeleben.

Eine solche Ideologie wurde die *Russische Welt*, die den informellen Kampf mit anderen Konzepten gewann, die von Politikwissenschaftlern, Theoretikern, Historikern, Philosophen und Mitgliedern des Geheimdienstes und der Präsidialverwaltung vorgeschlagen wurden.

> Die *Russische Welt* (русский мир) ist das Konzept einer internationalen transstaatlichen und transkontinentalen Gemeinschaft, die durch die Zugehörigkeit zu Russland und das Engagement für die russische Sprache und Kultur verbunden ist. Nach Vorstellung der Anhänger des Konzepts bezeichnet das Wort „Russisch" im Begriff die historischen Ursprünge der Gemeinschaft, die ihren Anfang bei der alten Rus nimmt, und das Wort „Welt" ist mit „die ganze Welt", „alle Menschen" konnotiert.

Diese Definition der *Russischen Welt* aus der freien Enzyklopädie der Wikipedia ist wahrscheinlich die unvoreingenommenste und unpolitischste, die sich in der russischen Literatur oder in der Presse finden lässt. Zum Beispiel:

> Nach W. O. Tischkow, ist die *Russische Welt* ein weltweit einzigartiges Phänomen, und solche „Welten" haben neben Russland nur Spanien, Portugal, Frankreich, China sowie Großbritannien zusammen mit Irland.

Oder, weniger emotional, aber nicht weniger ideologisch:

> Nach O. M. Batanowa wird der Begriff *Russische Welt* verwendet, um den zivilisatorischen, soziokulturellen und supranationalen Raum zu bezeichnen, der etwa eine Drittel Milliarde russischsprachiger Menschen oder fast jeden zwanzigsten Einwohner des Planeten umfasst, Menschen, die spirituelle und mentale Züge des Russischseins aufweisen und nicht gleichgültig sind gegenüber Schicksal und Platz Russlands in der Welt. Der Wissenschaftlerin zufolge verbessert sich das Verständnis dafür, dass die Nutzung des humanitären Potenzials der *Russischen Welt* dazu beitragen kann, die ethnokulturelle Identität der russischen Superethnos zu stärken und den geopolitischen und kulturellen Raum Russlands zu erhalten.[8]

Das Gebiet der *Russischen Welt* umfasst die Ukraine, Russland und Belarus. Diese Ideologie wird von einer 2007 eigens gegründeten gleichnamigen Stiftung gefördert, die derzeit in 45 Ländern tätig ist. Durch eine Reihe eigener Projekte fördert sie die russische Sprache und Kultur.

---

[8] https://ru.wikipedia.org/wiki/русский_мир. Vgl. außerdem Laryssa Jakubowa, „Russkyj mir" v Ukraïni: na kraju prirvy. Kyïv 2018. (Literaturhinweis d. Übers.)

Die ideologischen Grundlagen der Politik der *Russischen Welt* sind nach Ansicht des Polittechnologen Denys Bogusch die russische Sprache und Hollywood-Bilder Russlands (Wodka, Kalaschnikow-Gewehr, Matrjoschka, „russische Seele"). Die Überlegungen von D. Bogusch werden durch den Politikwissenschaftler Wadim Karasew ergänzt, der behauptet, dass die Religion eine ebenso wichtige Rolle spielt, da die Orthodoxie selbst dazu beiträgt, einige Ideen und Ideologien im Allgemeinen über die russischsprachigen Länder hinaus zu verbreiten: in Griechenland, Montenegro, Serbien, Syrien usw.

Meiner Meinung nach basiert die *Russische Welt* auf den Überresten ideologischer Konstruktionen, die Putin in der Sowjetzeit, als er ein KGBler war, aufgeschnappt und gut gelernt hat. Das heißt, neue *Temnyky*, neue Messages und neue Ideologien wurden in die alten Agentennetzwerke implantiert, und, statt mit ihnen ein Netzwerk nationaler kommunistischer Parteien aufzubauen, wurden sie aufgefordert, nationalistische Projekte auf der ganzen Welt heimlich zu finanzieren, insbesondere in Europa, wo heute das Haupttheater des ideologischen Kampfes stattfindet. Aggressionen und Kampfhandlungen haben sich über die EU hinaus nach Syrien und in die Ukraine verlagert.

Die *Russische Welt* sieht jedoch keine entwickelte Ideologie vor, weshalb auf dieser Ebene die Nostalgie für die UdSSR am häufigsten als pragmatisches Hauptargument verwendet wird, die neue Version wird also dazu beitragen, in die besten Zeiten der Sowjetunion zurückzukehren. Das heißt, ideologische Lücken wurden einfach durch Gefühle ersetzt, die von einem Teil der Bevölkerung geteilt wurden, wobei man soziologische Untersuchungen zu den Erwartungen der Wähler erfolgreich nutzte.

Was die Bedeutung der Religion für den Aufbau der orthodoxen Welt betrifft, so ist nach Ansicht einiger Experten die Zahl der Orthodoxen in Russland geringer als in der Ukraine, vorausgesetzt, wir berücksichtigen die Ukrainische Orthodoxe Kirche des Kyjiwer und des Moskauer Patriarchats gemeinsam. Deshalb versucht Moskau, die Schaffung einer vereinten Ortskirche zu verhindern (denn dann bräche die Ideologie der *Russischen Welt* zusammen)[9] oder sich nur auf den Sprachfaktor zu verlassen. Schließlich gibt es aus religiöser Sicht viele Lücken in dieser Ideologie. Zum Beispiel die Tatsache, dass die Rus in Kyjiw getauft wurde, dass die meisten heiligen Stätten sich in Kyjiw befinden, die Petscherska Lavra befindet sich auch in Kyjiw. Die Geschichte ist auf der Seite der Ukraine, aber die Geschichte wurde immer wieder neu geschrieben, um Moskau den Vorrang zu geben.

Im Sommer 2016 versuchte Moskau sogar, seinen eigenen religiöse „Invasions"-Trupp[10] zu gewinnen, die letzte Bastion des Einflusses des Kremls auf die Massen in der Ukraine. Sie initiierten den sogenannten Kreuzweg der Gläubigen der Ukrainischen Orthodoxen Kirche des Moskauer Patriarchats in die Hauptstadt der Ukraine. Die religiöse Okkupation war ja eines der Themen des bereits erwähnten Strategiepapier von Konstantin Malofejew für die Verwaltung des Präsidenten der Russischen Föderation, als er versuchte, die höchste politische Führung von der Rationalität und Bedeutung der Annexion der Krim und der Besatzung der Ostukraine zu überzeugen:

> Dies wird zweifellos die makroökonomische Stabilität und die Aussicht auf wirtschaftliches Wachstum beeinträchtigen. Aus geopolitischer Sicht wird der Gewinn jedoch von unschätzbarem Wert sein: Unser Land wird Zugang zu neuen demografischen Ressourcen haben und über hochqualifiziertes Personal in Industrie und Verkehr verfügen. Darüber hinaus kann mit der Entstehung eines neuen slawischen Migrationsstroms von West nach Ost gerechnet werden, im Gegensatz zum zentralasiatischen Migrationstrend. Das industrielle Potenzial der Ostukraine, insbesondere des militärisch-industriellen Sektors, der Teil des russischen militärisch-industriellen Komplexes ist, wird es ermöglichen, das Wiederaufrüstungsprogramm der russischen Streitkräfte erfolgreicher und schneller umzusetzen.
> Last but not least wird Russlands konstruktive, „glättende" Beteiligung am Prozess der höchstwahrscheinlichen Auflösung des ukrainischen Staates

---

[9] Die Orthodoxe Kirche der Ukraine wurde erst am 15. Dezember 2018 auf einem Landeskonzil gegründet und erhielt am 6. Januar 2019 von Patriarch Bartholomaios von Konstantinopel mit dem Tomos die Autokephalie. (Anm. d. Übers.)

[10] Militärische Metaphorik spielt in der russischen und ukrainischen Rhetorik eine spätestens seit dem 2. Weltkrieg anhaltende Rolle. Seit 2005 gibt es sogar eine ukrainische Biermarke *Desant*, also *Landung, Invasion* oder *Einfall*. (Anm. d. Übers.)

nicht nur den integrationspolitischen Projekten des Kremls neue Impulse verleihen, sondern auch unserem Land helfen, die Kontrolle über das Gastransportsystem der Ukraine aufrechtzuerhalten. Sie wird auch die geopolitische Situation in Mittel- und Osteuropa wesentlich verändern, indem es eine der Hauptrollen nach Russland zurückbringt.[11]

Offizielle Statistiken schweigen, aber in der Russischen Föderation gibt es Probleme der Inkonsistenz der Ideologie bei dem wichtigsten politischen Kurs und der realen Situation im Land. Die Migrationsströme aus Asien sind ein klarer Beweis dafür. Um sein slawisches Gesicht nicht zu verlieren, muss Russland nach Malofejew Migrationsströme organisieren.

Hinsichtlich der Sprache ist die Situation etwas anders. Die Sowjetunion investierte viel Geld in die Russifizierung der Republiken, in die Schaffung eines russischsprachigen Kulturraums. Sehr oft wurde das als sowjetisch bezeichnet, aber es basierte auf dem Paradigma der sogenannten Titelnation des bolschewistischen Imperiums, auf Russland. Und die Ausweitung der russischen Sprache war nicht auf die brüderlichen Sowjetrepubliken beschränkt. Zum Beispiel schickten die meisten subventionierten Länder, die Unterstützung für den Aufbau des Kommunismus erhielten, ihre Jugend nach Moskau auf eine Parteischule oder um in spezialisierten Zweigbildungseinrichtungen zu studieren, wo die Ausbildung natürlich auf Russisch erfolgte. Auch dies trug zur Verbreitung der Sprache bei.

Russland versuchte fleißig, die alten Errungenschaften zu unterstützen, nachdem es einen eigenen Informationsraum geschaffen hat, der sich faktisch auf alle Sowjetrepubliken erstreckte. Bücher wurden veröffentlicht, Buchhandlungen eröffnet und das russischsprachige Showbusiness maximal populär gemacht. Nach Worten des in Kyjiw ansässigen Polittechnologen Denys Bogusch wurden während Putins Präsidentschaft etwa 5.000 russischsprachige Serien gedreht, die die Grundprinzipien der *Russischen Welt* und „korrekte" Prototypen von Helden förderten, das richtige Verhalten diktierten und die entsprechende Weltanschauung schufen.

---

[11] http://www.novayagazeta.ru/politics/67389.html

All dies führte zu Ergebnissen, insbesondere verbreitete es den politischen Einfluss auf das Territorium der postsowjetischen Republiken.

Aber wie Kacha Bendukidse treffend bemerkte, verlor Russland Milliarden von Dollar, indem es eine Aggression gegen Georgien startete, weil die Einführung der russischen Sprache als Sprache der Vereinigung der Nationen ein Fiasko war. Und das Bild Russlands begann mit dem Bild des Angreifers, Kolonisten und Besatzers in Verbindung gebracht zu werden.

Aber wie dem auch sei. Putins erfundene Ideologie des Schutzes russischsprachiger Menschen auf der ganzen Welt und der daran angepasste Rechtsrahmen geben ihm seiner Meinung nach das Recht auf Aggression in verschiedenen Ländern der Welt.

Wir können zusammenfassend sagen, dass die Grundlage der *Russischen Welt* eine Mischung ist aus russischer Sprache, Orthodoxie, den Überresten der linken Ideologie der Sowjetunion und dem Wunsch, das alte Russische Imperium wiederzubeleben, nun, und wahrscheinlich von Putins Traum, als Eroberer in die Geschichte Russlands einzutreten. Es spielt keine Rolle, dass unter dem Deckmantel von Atomwaffen und unter Missachtung der Regeln des Völkerrechts die Territorien der Nachbarn annektiert und ihr Luftraum verletzt werden. Putins Regime führt einen Informationskrieg, wobei es in regelmäßigen Abständen den Schwerpunkt seiner Ideologie der *Russischen Welt* verlagert und die erforderlichen Elemente entsprechend dem sozialen Status des Publikums, dem Ort und den geopolitischen Umständen bevorzugt.

Andererseits entspricht die Ideologie überhaupt nicht den Handlungen Putins in Augenblicken, wenn er bei einem Staatsbesuch in Finnland Osteuropa bedroht oder ankündigt, die NATO-Erweiterung zu stoppen. Aus diesem Grund ist es schwierig, die *Russische Welt* als Ideologie zu bezeichnen, sondern eher als Rechtfertigung für die eigene Aggression und die imperialen revanchistischen Ambitionen. Die Ideologie selbst aber ist eher wie ein Chamäleon, das die Farbe je nach sich nähernder Gefahr ändert.

Die Ablehnung der *Russischen Welt* lässt sich nicht nur in der Ukraine oder in Georgien, Ländern, die unter der Aggression des Kremls gelitten haben, in der baltischen Dreieinigkeit oder in den

ABSCHNITT I: IDEOLOGIE 31

vom Kreml bedrohten skandinavischen Ländern verfolgen. Dieser Trend macht sich auch in Belarus, Putins engstem Partnerstaat, bemerkbar. Wie sein Präsident Aljaksandr Lukaschenka in seiner Ansprache an das Parlament erklärte:

> Die *Russische Welt* betrifft uns nicht. Wir sind „Russische Menschen", aber das bedeutet nicht, dass wir Russen sind. Wir sind Belarussen. Lassen Sie uns unsere eigene Sicht auf die Welt haben.

Dies zeigt, dass das Land und seine politische Führung nicht bloß eine Gefahr seitens der *Russische Welt*, sondern eine echte Bedrohung verspüren. Sie sahen Beispiele dafür in der Ostukraine in Form des von Moskau organisiertem Terrorismus und Separatismus. Darüber hinaus behauptet das belarussische Militär in informellen Gesprächen, dass ihr Hauptquartier heute zwei Zentren feindlicher Offensive gleichzeitig in Betracht zieht: die NATO und die Russische Föderation. Obwohl vor einigen Jahren der wichtigste ideologische Feind und Subjekt militärischer Bedrohung nur die Nordatlantische Allianz war.

Offensichtlich ist Putins wahre Ideologie also nicht die *Russische Welt*, die als Reaktion auf den Westen in den frühen Stadien der Interventionen gewirkt hat. Putins Ideologie ist heute die Eroberung von Territorien und die Wiederherstellung der alten Grenzen der UdSSR, des Imperiums und die Rückkehr der militärischen mythischen „Größe Russlands" – selbst auf Kosten der Verarmung der Bevölkerung und der technischen Rückständigkeit der Wirtschaft. Daher ist es nicht nur eine Bedrohung für die ehemaligen Sowjetrepubliken, sondern auch für andere Gebiete, die historisch mit dem Imperium oder der Sowjetunion verbunden waren.

Die Eroberung von Territorien hat Putins Image in gewissem Maße sakralisiert und ihn von einem Zaren-Präsidenten zu einem Imperator gemacht, der auf globaler Ebene denkt und handelt.

Hybrider Separatismus des Kremls

Russland ist ziemlich geschickt darin, die Geister der Vergangenheit zu manipulieren, um die ehemaligen Sowjetrepubliken nicht in eine unabhängige Zukunft, in freie wirtschaftliche und sichere Fahrwasser zu entlassen. Moskau hat regionale und interethnische Konflikte in den Nationalstaaten und ehemaligen Republiken im Voraus künstlich angeheizt und erfolgreich manipuliert und behauptet, es versuche, die russischsprachige Bevölkerung und die *Russische Welt* zu schützen.

Für viele waren die Ereignisse auf der Krim, in Ossetien und in Transnistrien keine Überraschung, und viele kremlfreundliche Politikwissenschaftler sprachen darüber offen und warnten sogar davor. Ist also tatsächlich der Separatismus in Georgien, der Republik Moldau und der Ukraine ein Zufall oder eher Teil eines langangelegten Plans?

Eine ähnliche Frage wird von den russischen Journalisten Oleg Kaschin und Michail Sigar beantwortet, die den unwissenschaftlichen Begriff der *Lukjanow-Doktrin* in die Diskussion bringen. Sie bewegt sich an der Grenze zwischen einer im Kreml erfundenen und in den frühen neunziger Jahren in den estnischen Medien beschriebenen Verschwörung, und einer wirklichen Roadmap, die die Kreml-Führung verwendet, um Konflikte in den einst befreundeten Sowjetrepubliken anzuregen, um den Einfluss auf sie zu verstärken und sie zu regieren.

Kaschin schreibt zur *Lukjanow-Doktrin*:

> Ich habe Lukjanow einmal selbst nach der *Lukjanow-Doktrin* gefragt, und er schien nicht so zu tun, als ob er sagte, er kenne sie nicht. Als ich aber vor zehn Jahren Wiktor Alksnis das Gleiche fragte, der zu der Zeit, an der ich interessiert war, einer der Führer der prolukjanowschen Fraktion im sowjetischen Parlament war, da antwortete er, ohne zu zögern: Ja, natürlich gab es die Doktrin, aber das bedeutet auch nichts. Vielleicht gab es sie, vielleicht gab es sie nicht. Ein klassischer Fall der klassischen Verschwörungstheorie. Der Begriff selbst – Google schweigt dazu – wurde entweder von den letzten westlichen Sowjetologen oder von estnischen Publizisten der frühen neunziger Jahre geprägt. In jedem Fall ist der Ursprung des Begriffs eindeutig nicht russisch, die *Lukjanow-Doktrin* ist wie *Molotow-Cocktail* oder sogar *das Testament Peters des Großen*. Die Idee ist, dass sich 1990 die Wahrscheinlichkeit des Zusammenbruchs der Sowjetunion hundertprozentig nähert, und

obwohl der Gorbatschow-Kreml es nicht laut ausspricht, gebären sich manche Gedanken zu diesem traurigen Thema irgendwo in seiner Tiefe von selbst und leben ihr eigenes Leben. Der Vorsitzende des Obersten Sowjets der UdSSR, Anatolij Lukjanow, schlug angeblich vor, wenn einige Republiken bereits wirklich entschlossen sind, Moskau zu verlassen, dass wir diese Republiken dann in ein separatistisches Zentrum und prosowjetische Umgebungen aufteilen werden. Das ist die Lehre. Tatsächlich tauchte das Gerücht darüber auf, als die Autonomien Georgiens und des moldauischen linken Ufers, das sich selbst später zur Transnistrischen SSR proklamierte, ihre eigene antiseparatistische Politik einführten. Wenn Lukjanow wirklich sich das ausgedacht hat, dann sollte er, wie im Lied, ein erstaunlicher Meister genannt werden.

Die Idee des antiseparatistischen Separatismus – was konnte damals witziger sein? Es ist klar, dass die Flaggschiff-Koalition der baltischen Staaten gegen den Separatismus, in deren Zeitungen ich zum ersten Mal über die *Doktrin* gelesen habe, sehr nervös auf die Nachrichten aus Sochumi und Tiraspol reagierte. In Estland konnten Narva und Kohtla-Järve, die von Russen bewohnt wurden, durchaus die Rolle eines hiesigen Transnistrien beanspruchen, in Litauen gab es den Bezirk Šalčininkai mit einer prosowjetischen polnischen Mehrheit – die rote Fahne wehte angeblich bis zum Frühjahr 1992 über dem Rathaus. Selbst jetzt ist es leicht vorstellbar, was mit diesen Gebieten hätte passieren können, wenn die Geschichte der Sowjetunion ein Jahr später geendet hätte – vielleicht würden noch jetzt langwierige Verhandlungen über eine „Narva-Siedlung" irgendwo auf neutralem Gebiet fortgesetzt. Aber die baltischen Staaten hatten Glück, und die Moldauer und Georgier hatten Pech.[12]

In den späten 1980er Jahren bewertete Moskau den Wunsch der Unionsrepubliken, Unabhängigkeit zu erlangen, nur als Separatismus und als Pläne, den imperialen Staat zu stürzen. Um den großen nationalen Separatismus in den „stolzen Republiken", in Georgien, der Ukraine und den baltischen Staaten, zu stoppen, beschloss Moskau daher, brutal kreativ zu handeln. Es wurde beschlossen, den großen Waldbrand zu stoppen, indem kleine Gegenfeuer gelegt wurden, der Vergleich von Sigar ist wirklich gelungen.

Deshalb tauchten die separatistischen Territorien auf – genauer gesagt wurden sie absichtlich ausgesucht und angeheizt – als Gegenmaßnahme zur Unabhängigkeitsparade der Nationalstaaten, die ihr Bestes versuchten, sich aus der Gefangenschaft der Sowjetunion zu befreien und das kommunistische Joch abzuschütteln.

---

[12] http://svpressa.ru/politic/article/77794/

Der Zusammenbruch der Union war jedoch unvermeidlich, und das entwickelte Szenario der Geheimdienste fand seine Anwendung bereits in der Zukunft, als der Kreml seinen Einflussbereich unbedingt beibehalten und eine Politik auferlegen musste, die dem offiziellen Moskau zugutekam. Infolgedessen tauchten Karabach, Transnistrien, Ossetien und die Krim auf.

Um die Erklärung der *Lukjanow-Doktrin* leichter zu erklären, kann sie zum Beispiel sehr vorsichtig mit Samuel Huntingtons Buch „The Clash of Civilizations" verglichen werden, zumindest wenn es darum geht, in bestimmten Teilen eines Landes Bruchstellen zu finden. Während Huntington jedoch die Welt analysierte und die Linien kultureller Risse markierte, wurde in der Doktrin der Kreml-KGBler der Fokus weniger auf kulturelle Risse als vielmehr auf frühere Erfahrungen mit militärischen Konflikten in Sowjetrepubliken, interethnische kriegerische Konflikte gelegt und auf die Suche nach Punkten für zukünftige Manipulationen verlagert. Aus diesem Grund wurde Huntingtons Untersuchung von der Weltgemeinschaft als gründliche analytische Arbeit anerkannt, die *Lukjanow-Doktrin* dagegen wird jetzt als Mythos, typische Verschwörung und Set möglicher Anweisungen für die Auswahl eines Sprungbretts für zukünftige Kriegsaktionen angesehen. Darüber hinaus belegen die Fakten, dass der Titel nur eine Formalität ist, der Text ist in Bezug auf Autor und Doktrin ein Gemeinschaftswerk, dem die Strategiestudie „Überwindung nationaler Widersprüche in den Republiken der UdSSR" zu Grunde liegt.

Nach Angaben russischer Medien analysierte diese Strategiestudie die nationale Zusammensetzung der Sowjetunion: Wer lebt wo und in welcher Anzahl? Wie genau leben verschiedene Völker in einer Sowjetrepublik? Wie ist insbesondere die Koexistenz mit den Latgaliern in Lettland, mit den Võros und Setu in Estland und den Kuren und Samogiten in Litauen? Die ethnischen Russen wurden ebenfalls in Moleküle zerlegt, in Woten, Mokscha und Ersja, die Ukrainer in Huzulen, Lemken und Poleschuken. Die Studie war „streng geheim", so dass selbst Mitglieder des Politbüros Schwierigkeiten hatten, sich damit vertraut zu machen.

Wenn der Name der Doktrin, ihr Ursprung und ihre allgemeine Existenz immer noch in Frage gestellt werden können und sollten, ist es schwierig, die Eigendynamik der Maßnahmen zur Auslösung von Konflikten im offiziellen Moskau zu leugnen. Es ist bereits offensichtlich, dass der moderne Kreml die Karte der Konflikte in den Gebieten der ehemaligen Sowjetrepubliken klar und umfassend sieht und sie geschickt nutzt. Leider erscheint aber der Mehrheit der Bevölkerung aufgrund von Ignoranz, Angst, Chaos in den Medien und übermäßiger Emotionalität die an unterschiedlichen Feuerplätzen auftauchende russische Aggression als zufällig und unerwartet. Und dies verursacht zum einen noch mehr Panik und verhindert zum anderen eine angemessene Reaktion.

> Anatolij Iwanowitsch Lukjanow (* 7. Mai 1930, Smolensk) war ein sowjetischer Partei- und Staatsmann, russischer Politiker. Letzter Vorsitzende des Obersten Sowjets der UdSSR (März 1990–September 1991), anfangs ein Mitstreiter des ersten und letzten Präsidenten der UdSSR, Michail Gorbatschow, dann sein Gegner. Von August 1991 bis Dezember 1992 wurde er wegen Mitwirkung im Staatskomitee für den Ausnahmezustand inhaftiert. Er wurde der Verschwörung zwecks Machtergreifung und wegen Machtmissbrauchs beschuldigt, später jedoch zusammen mit anderen Angeklagten in dem Fall amnestiert. Abgeordneter der Staatsduma der Russischen Föderation 1993–2003 für die KPRF (Kommunistische Partei der Russischen Föderation).
> Doktor der Rechtswissenschaften (1979), Professor an der Moskauer Staatlichen Lomonossow-Universität (seit 2004), Verdienter Anwalt der Russischen Föderation (2012).
> Der Doktrin zufolge können folgende potenziell unsichere Gebiete identifiziert werden:
> Georgien – Abchasien, Südossetien und Adscharien.
> Moldau – Transnistrien und Gagausien.
> Ukraine – Krim, Donbass.
> Aserbaidschan und Armenien – Berg-Karabach.
> Kasachstan – der Norden des Landes.
> Estland – Narva.
> Lettland – Latgale.

Es sollte jedoch beachtet werden, dass es kein einheitliches System des Handlings der Konflikte gibt. Moskau versucht für jeden Fall eine eigene ideologische Legende zu erfinden, die auf dem Schutz nationaler Minderheiten zum Zweck weiterer Einbindung der Staaten beruht: für Abchasien und Ossetien die Unabhängigkeit, für Transnistrien die Autonomie, für die Krim die Vereinigung mit Russland.

Welches sind die Problemgebiete der postsowjetischen Staaten?

Sowjetische Parteiführer, die die kulturellen Spaltungen, interethnischen Konflikte, sprachlichen und religiösen Unterschiede en Detail kannten, versuchten darauf hinzuarbeiten, dass es in keiner Republik Einheit gab, sondern stattdessen ständige Streitigkeiten und Unsicherheiten.

Die „langsam wirkende separatistische Bombe" in den Sowjetrepubliken wurde gelegt, als Moskau die Grenzen der Sowjetrepubliken definierte. Kasachstan umfasste beispielsweise Gebiete, in denen ethnische Russen lebten, und die moldauische SSR umfasste transnistrische Gebiete, in denen Ukrainer und später Russen lebten. Man kann argumentieren, dass die sowjetischen Führer die Grenzen zogen, um es ihnen unmöglich zu machen, die UdSSR zu verlassen.

Ein ähnliches Schema wurde in der Wirtschaft etabliert, wo die Elemente und Teile eines Produkts in verschiedenen Republiken hergestellt wurden. Dies machte es den Republiken unmöglich, sich im Falle der Unabhängigkeit rasch zu entwickeln, und erzeugte die Illusion, dass eine Existenz außerhalb des bolschewistischen Imperiums und der kollektiven Wirtschaft keine Alternative darstellte.

Obwohl der Austritt aus der Union durch ihre Verfassung garantiert war, hätte er in der Praxis katastrophale Folgen für jede Republik gehabt, die vor 1991 beschlossen hätte, das bolschewistische Staatengebilde zu verlassen.

Aber schließlich löste sich das kommunistische Imperium auf und es bildeten sich 15 unabhängige Staaten, von denen nun jeder seinen eigenen potenziellen „HotSpot" bzw. sein potenziell „separatistisches Territorium" hatte. Meist sind dies die Wohngebiete der russischsprachigen Bevölkerung oder vertriebener Russen. Solche Gebiete und die Menschen, die sie bewohnen, konnten direkt von Moskau oder von loyalen politischen Eliten manipuliert werden. Zum Beispiel ist die *Partei der Regionen* seit 1997 in der Ukraine aktiv. Ihre wichtigsten politischen Partner waren die Partei *Verei-*

nigtes Russland und die *Kommunistische Partei der Ukraine*. Ihre Basiswählerschaft ist die russischsprachige Bevölkerung. Ernennung der Leitungskader, ideologische Politik und politischer Kurs wurden meist von Moskau festgelegt oder abgesegnet.

Nachdem die *Partei der Regionen* die Macht verloren hatte, annektierte Russland die Halbinsel Krim, was zu internationalen Sanktionen und einer gesteigerten Beliebtheit Putins innerhalb der Russischen Föderation führte. Genau deshalb begegnet Moskau der Ablehnung prorussischer Eliten sehr aggressiv.

Vor diesem Hintergrund wirkt folgende Adresse von Wladimir Putin an den Präsidenten von Kasachstan am 29. August 2014 als eine Infragestellung der Staatlichkeit:

> Nursultan Nasarbajew hat etwas Einzigartiges getan – er hat einen Staat in einem Gebiet geschaffen, in dem es noch nie einen Staat gegeben hat.

Das heißt, ohne ihn kann das Land nicht existieren. Oder die andere Seite der Medaille: Vor den Präsidentschaftswahlen rief Putin die Kasachen auf, für Nasarbajew zu stimmen.

Die obigen Beispiele belegen eine einfache Tatsache: Russland bemüht sich, seine eigenen Ressourcen in den postsowjetischen Republiken einzusetzen. Leichte Gewalt und Korruption dann, wenn das Regime loyal ist, und Krieg, sofern das Land plant, seinen außenpolitischen Kurs zu ändern.

In separatistischen Konflikten versucht der Kreml immer, mit der nationalen Zugehörigkeit, Unterschieden in Sprache, Religion usw. zu spielen. Egal wie künstlich es von außen aussehen mag, die Russische Föderation verwendet in seiner aggressiven Politik immer neue Methoden.

Selbst russische Journalisten bezeichneten in ihren Analysen den transnistrischen Konflikt als den künstlichsten von allen, die Moskau nach dem Zusammenbruch der Sowjetunion anheizt. Nach ihrer Version handelt es sich um einen Konflikt, der darauf beruht, dass die russischsprachige Minderheit der rumänisch-moldauischen Mehrheit gegenübersteht. Jeder erste Antrittsbesuch der neugewählten Führer der PMR (**Pridnestrowischen Moldauischen Republik**) findet in Moskau statt, wo sie Anweisungen von der dortigen Führung erhalten.

Nach Ansicht des russischen liberal gesinnten Journalisten Sigar empfing die neue Republik nichts als Propaganda. Die Wirtschaft ist nach wie vor mit der Republik Moldau verbunden, wie der emsige Warenschmuggel zeigt, der den Haushalt der nicht anerkannten Republik weitgehend prägt.

Aussagekräftig ist, dass die Einwohner Transnistriens zweimal Referenden abgehalten haben, um Russland beizutreten. Und kein einziges Mal hat die Russische Föderation sie erwidert oder gar versucht, sie zu erhören. Ähnlich ist die Geschichte mit dem Donbass, dessen Terroristen und Separatistengruppen hofften, Teil des russischen Territoriums zu werden. Was bedeutet das? Dass sie im Verband der Föderation nicht benötigt werden. Ihre vorgegebene Rolle ist es, die Verkörperung des Problems zu sein, ein Werkzeug zur Schaffung von Konflikten, und damit ists gut. Die Krim wurde zur Ausnahme nur wegen ihrer heiligen Mission für Putins Reichskrone, damit er seine Beliebtheit als Präsident aufbauschen konnte.

Wird Putin seine Angriffskriege fortsetzen? Wenn man ihn nicht aufhält, dann wird es so sein. Schließlich sahen alle den Fall Georgien als einen unglücklichen Zufall an und die Ukraine für eine Ausnahme von der Regel. Aber was wird Europa über Estland, Lettland oder Finnland sagen? Müssen wir weiter Handel treiben, weil wir sonst Absatzmärkte verlieren? Es gibt außerordentlich viele Fragen, und man sollte nach Antworten suchen. Während die europäischen Länder aber noch Zeit haben, muss die Ukraine dies bereits in einem Zustand des Krieges und der Annexion eines Teils ihres Territoriums tun.

Auf der anderen Seite funktionierten sowjetische entwickelte Szenarios wie die *Lukjanow-Doktrin* nicht, obwohl sie zu Tausenden von Toten führten. Die Ukraine und Georgien haben mit dem Abschluss eines Abkommens über eine freie und umfassende Handelszone mit der EU einen zuversichtlichen Kurs in Richtung europäischer Integration eingeschlagen, die Republik Moldau hat ein visumfreies Regime erhalten, die baltischen Staaten sind der EU und der NATO beigetreten, und das belarussische Militär betrachtet insgeheim bereits jetzt nicht nur den Nordatlantikblock und seinen „strategischen Partner" als den Hauptfeind.

Russlands imperiale Ambitionen zerstörten nicht nur die einst freundschaftlichen Beziehungen zwischen den postsowjetischen Republiken, sondern definierten klar die Grenzen der Zivilisation und inspirierten einige Länder zur Eingliederung in Europa, andere zur Stärkung des nationalen Bewusstseins, anstatt ihren eigenen Staat und die Loyalität gegenüber Moskau in Einklang zu bringen.

So geht es, wenn wir über die *Russische Welt* sprechen, nicht um die kulturelle, sprachliche oder religiöse Zugehörigkeit, sondern eben um die oben beschriebenen Strategien des Handlings nationaler Konflikte, sprachlicher Unterschiede und politischer Konjunktur.

Putins Verbündete sind die korrupten Eliten

Wie der Mythos der *Lukjanow-Doktrin* belegt, betritt Putin keinen unvorbereiteten Boden. Er bereitet alle seine Angriffe mit akademischer Präzision vor, berechnet jeden Schritt und versucht, alle Schritte im Voraus vorherzusagen. So, wie man in Moskau sagt: Der Kreml mag keine Überraschungen. Deshalb versuchen sie, alles lange im Voraus vorzubereiten. Und wer kann ergebener und gleichzeitig heimtückischer sein als Agenten, die jahrzehntelang auf die Ankunft eines neuen „Zaren" gewartet haben, als Eliten, die nicht für ihr Land, sondern für das imperiale Moskau arbeiteten, jeweils zwei Gehälter erhielten, Millionen oder sogar Milliarden verdienen konnten und vor allem die Möglichkeit hatten, vor der höchsten politischen Führung zu dienen?

Als Student war ich ständig auf der Suche nach Nebenjobs und Teilzeitbeschäftigungen, um meinen Lebensunterhalt in der Hauptstadt zu verdienen, weil es wie bei Millionen meiner Kommilitonen nicht genügend Stipendien gab. Es war normalerweise eine Art Büroarbeit mit Papieren oder am Computer, Textübersetzungen oder andere einfache Möglichkeiten, um Geld zu verdienen, die für Vollzeit-Studenten gefunden werden konnten.

Einmal musste ich im Büro eines Businessman arbeiten, der Dokumente ins Englische übersetzt brauchte, um eine Delegation auf eine Auslandsreise vorzubereiten. Ich machte mich an die Arbeit und pflegte den Kontakt zu den Mitarbeitern, die aus irgendeinem Grund sehr deprimiert wirkten. Sie erklärten dies, indem sie sagten, dass die besten Zeiten ihres Arbeitgebers vorbei seien, aber jetzt klammerte er sich an jede sich bietende Gelegenheit, denn sie hätten bereits alle Geschäftsrücklagen und das Mini-Imperium verzehrt. Und dies geschah, als er keine Hilfe mehr aus Moskau erhielt.

Ich fragte aus Interesse, ja, ist er denn nicht Eigentümer des Business, sondern nur ein Manager und die Investoren sind Moskauer? Mir wurde gesagt, dass er Kyjiwer Geschäftsmann, Großaktionär und Geschäftsinhaber sei, aber zuvor regelmäßig nicht rückzahlungspflichtige finanzielle Unterstützung von Russland erhalten habe, um Vermögenswerte zu kaufen: Büros in der Hauptstadt, Metallurgie- und Rohstoffwerke im Osten und Landpachtverträge in den zentralen Regionen und vieles andere mehr. Aber irgendwann gab es einen Wendepunkt, als sich der Kyjiwer Geschäftsmann weigerte, eines der russischen Energieunternehmen zu leiten, genauer gesagt seine Repräsentanz in der Ukraine. Der Mann erklärte stolz, er sei Geschäftsmann, kein Manager, also könne er nicht das Geschäft eines anderen führen, sondern er entwickle sein eigenes. Danach endete die fabelhafte Moskauer Finanzierung, ein Teil des Vermögens wurde „herausgequetscht" und der Geschäftsmann aus der prorussischen Geschäftswelt ausgeschlossen.

Er versuchte jedoch immer noch, dorthin zurückzukehren, als er feststellte, dass seine persönlichen Talente allein für sein luxuriöses Leben nicht ausreichen und zusätzliche Investitionen für die Geschäftsentwicklung erforderlich sind. Daher schlug er mehrmals vor, eine mächtige prorussische Partei zu gründen und das Moskauer Patriarchat in Kyjiw zu unterstützen. Aber es war nicht möglich, die Freundschaft fortzusetzen und das verlorene Vertrauen wiederherzustellen.

Ich war sehr interessiert an dieser Geschichte und begann, nebenbei nach Antworten zu suchen, warum Moskau Geld an ukrainische Bürger für Geschäftsentwicklung und politische Projekte verteilt. Es stellte sich heraus, dass der Kreml tatsächlich an prorussischen Eliten in der Ukraine interessiert war, und zwar nicht nur an wirtschaftlichen oder geschäftlichen, sondern auch an politischen und religiösen. Dies erklärt leicht, warum die Ukraine trotz der Tatsache, dass sie seit einem Vierteljahrhundert ein unabhängiger Staat ist, bis 2019 noch keine eigene Ortskirche hatte.

Als ich jedoch mich der Loyalität der Geschäftseliten zuwendete, entdeckte ich eine offensichtliche Tatsache, die an der Oberfläche lag, aber ich war vorher nicht an der Geschichte mit dem Kyjiwer Geschäftsmann interessiert. Viele Geschäftsleute, insbesondere die von der heutigen „Forbes-Ukraine"-Liste, entwickeln ihr Geschäft auf ihrer Loyalität gegenüber Russland. Viele waren in der Lage, mit Europa Gashandel zu betreiben, sie erhielten Gas für 50 USD und verkauften es für 100–120 USD in Europa, wodurch 5–7 Milliarden USD pro Jahr verdient wurden. Russland schien dies nicht zu bemerken und schloss die Augen. In der Ukraine entwickelte sich rasch die Klasse der ukrainischen Oligarchie, die viel ihrem nördlichen Nachbarn verdankte. Einige Gasunternehmen, die auf den Verkauf von russischem Gas an Europa spezialisiert sind, verdienten mehrere Milliarden Dollar pro Jahr, indem sie in den Kauf von Vermögenswerten, in die Politik und manchmal einfach in die Umleitung von Geldern ins Ausland in profitable Offshore-Zonen investierten.

Die zweite Kategorie sind Geschäftsleute, die bestimmte Waren oder Dienstleistungen herstellten, hier bot sich der befreundete russische Markt als Absatzmarkt an. Das war tatsächlich sehr profitabel, weil der russische Markt dreimal so groß ist wie der ukrainische und sie zu zweit also ungefähr 200 Millionen Menschen haben.

Die dritte Kategorie sind Geschäftsleute, die russische Geschäfte in der Ukraine betreiben oder Vermögenswerte für mächtigere russische Oligarchen kauften und manchmal auf gewaltsame Weise übernahmen. Manchmal bauten sie in der Ukraine und verkauften dann zu besseren Preisen an die Russen weiter.

Separat können wir über Politiker und Beamte sprechen. Schließlich folgte die Ukraine nicht dem Weg ihrer osteuropäischen Nachbarn, die die Freilassung aus der Gefangenschaft des sozialistischen Lagers mit der Durchführung einer Lustration bilanzierend abschlossen und alle kommunistischen Agenten aus den Reihen der hochrangigen Elite vertrieben. Das ist mit der Ukraine leider nicht passiert. Darüber hinaus setzte sich die beschämende sowjetische Tradition fort, dass Moskau die meisten Beamten in verantwortliche politische Positionen in Kyjiw berief. Und alle ukrainischen Präsidenten, mit Ausnahme von Petro Poroschenko, statteten zuallererst der russischen Hauptstadt ihren offiziellen Besuch ab.

Viele Beamte auf verschiedenen Ebenen arbeiteten gleichzeitig für zwei Länder. Häufig wurden russische Staatsbürger in verantwortliche Positionen in der Ukraine berufen, insbesondere im Bereich Verteidigung, Geheimdienste und Polizei. Es war auch üblich, Abgeordnete in Ministerien, Diensten und Ausschüssen mit Moskau abzustimmen, Kyjiw reichte lediglich Kandidaturen ein und sie wurden im Moskauer Weißen Haus genehmigt

Übrigens gibt es sogar Gerüchte, dass Moskau den Nachfolger von Leonid Kutschma absegnete, als der zögerte, an wen das Land übergeben werden sollte. Aus irgendeinem Grund sprach damals niemand die Frage an, dass das Land vom Ausland gesteuert wird (hier wurden Überreste sowjetischer politischer Traditionen offensichtlich). Damals galt das als normal.

Loyale prorussische Eliten der Ukraine versuchten, Moskau in allem zu dienen. Die Hochzeiten der Kinder ukrainischer Beamter, Politiker oder Geschäftsleute sahen sehr seltsam aus, da zu ihnen kaum ukrainische Sänger eingeladen waren. In der Regel war es eine russische „Invasions"-Gruppe. Schließlich wäre es eine Missstimmung gewesen, wenn ein hochrangiger Moskauer Gast zu einer solchen Feier einträfe und vor ihm unbekannte ukrainische Künstler auftreten würden. Das wirkt lustig, aber solche Dinge waren einst die Norm und drückten so die Minderwertigkeit der damaligen ukrainischen Pseudoeliten aus.

Als ich im Fernsehen in Moskau war, habe ich miterlebt, wie mein Kollege, ein politischer Experte, Direktor des Instituts für globale Strategien, Wadim Karasew, den russischen Sprecher anging und auf die Bemerkung „Moskau hat Sie während der Unabhängigkeit ernährt" sehr professionell und treffend antwortete: „der Kreml hat uns nicht nur nicht ernährt, er hat freiheraus die ukrainischen wirtschaftlichen und politischen Eliten bestochen."

Und dies ist die Essenz der Prozesse, die in den 1990er und 2000er Jahren in der Ukraine und in Russland beobachtet wurden, als die Russische Föderation ihre Beziehungen nur durch ihr loyale politische Eliten aufbaute, die bereit waren, fast alle von Moskau gestellten Aufgaben zu erfüllen. Ein Gesetz über Sprachen verabschieden – bitte sehr. Die Laufzeit der Basis der russischen Flotte auf der Krim zu verlängern – keine Frage. Russland will nicht, dass sich die Ukraine in Europa integriert – gut, Janukowytsch sagte es Putin zu. Danach hörte er jedoch auf, ukrainischer Präsident zu sein, er verlor die Macht über das Land. Russland wollte zu viel, und die ukrainische politische Klasse hat sich verspielt, was zu einer weiteren Revolution und zur russischen Besetzung der ukrainischen Krim führte. Das war die Reaktion auf den Wunsch unseres Staates, seine eigene staatliche Politik zu verfolgen. In diesem Moment begann die Ukraine jedoch zum ersten Mal in ihren 25 Jahren Unabhängigkeit, Beamte, Sicherheitskräfte und das Offiziere selbst zu ernennen. Strafverfolgungsbehörden und Polizei wurden aufgeräumt, was nach den tragischen Ereignissen im Mai 2014 in Odessa, wo ukrainische Polizisten an Aktivitäten auf beiden Seiten der Barrikaden teilgenommen hatten, auf der ukrainischen und separatistischen prorussischen, dringend notwendig wurde. Obwohl dies schon früher klar war, als ein Teil der Militär- und Sicherheitskräfte auf der besetzten Krim begann, mit den russischen Besatzern zusammenzuarbeiten. Es war unmöglich, mit solchem Personal Krieg zu führen, vor allem gegen das Land, dem sie Treue geschworen haben.

Die postsowjetischen Länder, die sich jetzt in der Umlaufbahn des Kremls befinden und immer noch hoffen, dass Russland ihr verlässlicher Partner und kein Wolf im Schafspelz ist, sollten auf ihre politischen und geschäftlichen Eliten achten, die in einem kritischen Moment von Aggressionen oder des Beginns von Kampfhandlungen nicht eine nationale, sondern eine separatistische oder prorussische Position wählen können.

Außerdem muss gesehen werden, dass der Kreml seine Strategie etwas geändert hat, um das Ergebnis zu beschleunigen. Moskau begann, seine Oligarchen in das Zielland zu schicken, damit jene sich das Vertrauen der jeweiligen „ersten Person" erschmeichelten. Putin hatte nämlich aufgehört, beispielsweise ukrainischen Oligarchen zu vertrauen, weshalb er loyalere Milliardäre entsendet. Die Gründe für eine solche Entsendung sind unterschiedlich, das Ziel ist das gleiche: Sie sind die Hand des Kremls, die Einfluss auf den Präsidenten und die Situation im ganzen Land nimmt.

Nicht weniger relevant sind die alten sowjetischen Seilschaften in den Parlamenten europäischer Länder, die eine entsprechende kommunistische Vergangenheit oder eine an Russland orientierte Energie-Wirtschaft haben, oder die zum Beispiel ihnen gegenüber loyale Beamte eingestellt haben, die seit Jahren nicht mehr vom Staat kontrolliert wurden. Dies ist per Gesetz zwingend erforderlich, wird aber auch öfters nicht eingehalten, beispielsweise bei einigen hochrangigen Beamte der Verwaltung des Präsidenten der Tschechischen Republik.

Tatsächlich hat der Kreml seit Jahren und Jahrzehnten sein Geheimdienstnetzwerk ausgebaut, nationale Eliten bestochen und versucht, ihm loyale und einflussreiche Menschen zu formieren, indem er sie mit banaler Korruption oder dem Zutrittsmöglichkeit in den nicht wettbewerbsorientierten russischen Markt motivierte. Im Gegenzug forderte Moskau nur eines: politische Loyalität.

Funktioniert die *Russische Welt* außerhalb Russlands? Nicht russischsprachige prorussische Lobbyisten in der EU

„Lobbyisten, die nach Gas riechen", scherzte mit uns eine Praktikantin im Europäischen Parlament, als wir über die jüngste Rede eines von ihnen, eines energischen, englischsprachigen Italieners, diskutierten, der eine Delegation junger nichtparlamentarischer Politiker aus der ehemaligen Sowjetunion (Georgien, Armenien, Aserbaidschan und Ukraine) von den Nachteilen ihrer Integration in die EU zu überzeugen versuchte.

Der Lobbyist teilte jedem von uns einen gut vorbereiteten Bericht in teurer Aufmachung aus, der uns, den Vertretern der Länder, die der Gefangenschaft der Sowjets entkommen wollen, bewies, dass wir in Europa nicht erwartet werden und keinen Platz haben unter den europäischen Ländern. Und außerdem, dass unser Wunsch, uns von den Netzen Russlands zu befreien, seine Heimat Italien daran hindere, „Parmegiano" auf dem riesigen russischen Markt zu verkaufen.

Dies brachte uns zu Überlegungen und Analysen über die Aktivitäten solcher Lobbyisten, NGOs im Allgemeinen und politischer Parteien in Europa, die Putin seit mehr als einem Jahr auseinanderzubringen versucht, indem er die politische Situation radikalisiert und eine Atmosphäre von Angst und Chaos schafft. Ich erinnere an den ständigen Zustrom syrischer Flüchtlinge, die als Instrument des Drucks auf die Europäer eingesetzt werden, auf ihr komfortables Leben, was leider vielen europäischen Regierungen erhebliche Probleme bereitet. Und was soll man über die Finanzierung radikaler politisch-nationalistischer Parteien sagen, die die schwache Position ihrer eigenen Regierungen kritisieren? Dies trägt zu ihrer Popularität bei, bringt aber gleichzeitig sehr viel Destruktives in den politischen Dialog der EU.

Tatsächlich zeigen alle Aktivitäten Putins, dass er ein starkes und geeintes Europa fürchtet und sich viel freier fühlt, wenn der Kontinent in ein sozialistisches Lager und Verfechter des Kapitalismus aufgeteilt wird, wenn die Welt manipuliert und die Schwäche des nicht vereinten Europas ausgenutzt werden kann. Putin ist bemüht, die politische Partnerschaft zwischen der EU und den USA auseinanderzutreiben, indem er seine Nachbarn auf dem Festland auf seine Seite zieht, ja häufig gewaltsam in seine Arme zwingt.

Deutschland, die Tschechische Republik und die baltischen Staaten – ein europäisches Theater russischer Propaganda?

Probleme oder vielmehr das Spannungsverhältnis zwischen Putin und Merkel, den Führern zweier historischer Partnerstaaten und gleichzeitig feindlicher Staaten, gab es schon immer. Die Situation wurde jedoch in den Jahren 2014–2015 noch komplizierter, als Putin seinen Nachbarn Ukraine angriff und einen Teil ihres Territoriums annektierte.

Die Presse und die Bürger vieler Länder erinnern sich daran, wie Putin versuchte, einen Engelscharakter zu zeigen, indem er seinen Labrador Koni in den Verhandlungsraum ließ, wohl wissend, dass die deutsche Kanzlerin eine Hundephobie hat. Historisch gesehen haben sich die Beziehungen zwischen den beiden Ländern radikal unterschiedlich entwickelt, von engen Allianzen, für beide Seiten vorteilhafter Zusammenarbeit und Partnerschaft bis hin zu tödlichen Kriegen mit Millionen von Opfern. Dies hinderte die Deutschen jedoch nie daran, in Russland zu leben, und die Russen in Deutschland. Im Moment interessiert uns jedoch mehr das Stadium der gegenwärtigen Entwicklung der Beziehungen und die Fakten, die sie beeinflusst haben.

Vor 250 Jahren wanderten etwa 30.000 Deutsche auf der Suche nach einem besseren Leben nach Russland aus. Viele Nachkommen dieser Siedler kehrten im späten zwanzigsten Jahrhundert nach Deutschland zurück und bildeten dort eine der größten Einwanderergruppen. Sie heißen üblicherweise Russlanddeutsche.

Aus der Sowjetunion und den neuen Staaten, die sich nach ihrem Zusammenbruch bildeten, kamen 4,5 Millionen Menschen in die Heimat ihrer Vorfahren. Die meisten kannten Deutschland nur aus Büchern und Filmen. Sie konnten sich nicht vollständig integrieren und bildeten verunsichert – weder Russen noch Deutsche – eine spezifische Subkultur.[13]

Tatsächlich konnte und wollte diese Subkultur der Russlanddeutschen, die nicht alle Möglichkeiten des heutigen Deutschlands

---

[13] https://birdinflight.com/ru/vdohnovenie/20160425-ira-thiessen-privet-Germaniya.html

nutzten, kein Deutsch lernen – diese Bürger wurden zur Grundlage für die Förderung der Ideen der *Russischen Welt* in Deutschland. Sie sind die Hauptzuschauer des russischen globalen Fernsehkanals „Russia Today" und die Demonstranten, die bei Kundgebungen in deutschen Städten auf die Straße gehen, um prorussische Ideen zu unterstützen und gegen die Politik der örtlichen Regierung zu protestieren.

Deutschland hat auch eine Reihe von prorussischen und einigen speziellen Organisationen, die entweder die politische Situation in Deutschland radikalisieren oder die Politik des Kremls unterstützen. Deutlich wurde dies, so z. B. beim Versuch, den Skandal um die Berichterstattung über das „Mädchen Lisa" anzuheizen (Details weiter unten).

Deutschlands starkes Wirtschafts- und Medienfeld wird jedoch nicht so oft angegriffen und manipuliert, betroffen sind hier vielmehr Länder mit schwächeren Volkswirtschaften und Armeen. Länder, die viel stärker unter Einfluss des Kremls standen.

Der Einfluss des Kremls in den baltischen Staaten

Um die Situation in den baltischen Staaten besser zu verstehen, sprach ich ausführlich mit Mart Soonik, Professor für Öffentlichkeitsarbeit an der Universität Tallinn, und einem litauischen Journalisten, Viktor Černišuk. Letzterer lieferte wirklich umfassende Informationen über den Einfluss der russischen Medien auf die internen Informationsräume der drei Länder und die Aktivitäten prorussischer Parteien, die ich im Folgenden wiedergeben werde.

Viktor Černišuk bemerkt: „Litauen ist im Hinblick auf den Einfluss der russischen Medien am stabilsten, Lettland gilt als am anfälligsten und Estland ist im Vergleich zu diesem mehr oder weniger ruhig. Beeinflusst wird dies sowohl von der Anzahl der Einwohner russischer Herkunft und der russischsprachigen Bevölkerung im Allgemeinen als auch von der Dichte dieser Personengruppe pro Gebiet im Land. Wenn es in Litauen fast keine Regionen mit kompakter Siedlung russischsprachiger Gruppen gibt, wurden diese Regionen in Lettland und Estland historisch gebildet. Zum

Beispiel die Region Latgale (60% der Gesamtbevölkerung sind Russen) und Riga (40%) in Lettland oder Tallinn (37%), die Kreise Harjumaa (38%), Narva (95%) und Ida-Virumaa (75%), die Region Tartu (14%). Der einzige „russischsprachige" Ort in Litauen ist die kleine, 20.000 Seelen zählende Stadt Visaginas (56% der Bevölkerung sind ethnische Russen, aber mit Belarussen, Ukrainern, Moldauern, Tataren und Polen erreicht der Anteil der russischsprachigen Bevölkerung hier 84%). Den zweiten Platz in Bezug auf die Zahl der russischsprachigen Bevölkerung belegte Klaipėda (von 200.000 Einwohnern machen ethnische Russen 20% aus). In Vilnius beträgt der Anteil der Russen nicht mehr als 15%. Die Hauptstadt Litauens unterscheidet sich von den Hauptstädten der baltischen Nachbarländer dadurch, dass Vilnius eine litauisch-polnische Stadt ist, sie ist nicht halb russisch wie Riga und Tallinn. In Litauen gibt es jedoch eine Enklave der polnischen Bevölkerung, die kompakt in der Region Vilnius lebt (bis zu 80% der Bevölkerung). In der Hauptstadt selbst sind etwa 20% der Bevölkerung Polen. Traditionell unterstützt die überwiegende Mehrheit der litauischen Polen aufgrund des Einflusses der russischen Medien Russland. Die überwiegende Mehrheit der polnischen Bevölkerung Litauens lebt an der Grenze zu Belarus, von dessen Territorium aus alle russischen Kanäle empfangen werden können. Das Signal ist hier viel besser als das aus Vilnius. Man kann also argumentieren, dass das Anschauen russischer Kanäle zu einer „Gewohnheit" geworden ist, weshalb die Sympathie für die Politik des Kremls und Putins unter der polnischen Bevölkerung noch größer ist als unter ethnischen Russen. Aus den gleichen Gründen befürwortet die Mehrheit der ethnischen Belarussen in Litauen stark die russische Politik. Dem litauischen Sicherheitsdienst zufolge sind Litauens beliebteste russischsprachige Printmedien (*Litowskij Kurier, Obsor* usw.) zu Kreml-Editionen geworden und fördern die Ideen Putins und der *Russischen Welt*.

In den baltischen Staaten hat man bereits begonnen, den Plan der *Russischen Welt* umzusetzen. Dies wird dadurch belegt, dass eine großen Anzahl prorussischer Parteien in Daugavpils und Riga entstanden sind, die Reden der Bürgermeister von Riga und der Städte Latgale (Rēzekne, Daugavpils, Krāslava, Zilupe), die sich für

ABSCHNITT I: IDEOLOGIE 49

eine Freundschaft mit Putins Russland aussprechen, zeigen das, aber genauso das Auftauchen von Militäreinheiten und Lagern, in denen man Kämpfer zum Schutz der „Russen des Donbass" vorbereitet.

Fast alle russischsprachigen lettischen Medien arbeiten im Fahrwasser des Kremls. Tatsächlich stärkt sich die fünfte Kolonne in Lettland aus ethnischen Russen aus Latgale und Riga. Die Idee der *Russischen Welt* wird in diesen Regionen immer beliebter. Der Einfluss der russischen Medien, insbesondere des Fernsehens, auf die Menschen ist äußerst groß.

Auf der Ebene des Seimas (Parlaments) von Litauen wurden mehrfach Sanktionen verhängt, um die Ausstrahlung ganzer Kanäle der Russischen Föderation oder ihrer politischen Sendungen einzuschränken. Darüber hinaus betreibt Litauen als unbedeutendes kleines Gegengewicht die Existenz eines öffentlich-rechtlichen Fernsehkanals in russischer, ukrainischer, polnischer und belarussischer Sprache, Nachrichten in russischer Sprache auf dem *Ersten Kanal* des nationalen Rundfunks und spezielle Informationsprojekte. Auf der anderen Seite reicht das alles nicht aus, da Moskau ungeheuer viel Geld in die Propaganda steckt. Einige Kanäle wurden blockiert, dies ist jedoch in einem durch das Internet und die Satellitenkommunikation geöffneten Informationsraum wirkungslos. Es bestehen jedoch weiterhin Einschränkungen für den Empfang der Sendekanäle *Russland*, *Erster Kanal* und *NTV*.

Unterstützung für Putins Politik und die Aktivitäten prorussischer Politiker in den baltischen Staaten

„Ethnische Russen und Belarussen in Lettland und Estland unterstützen traditionell jede Aktion Russlands. Die russische Bevölkerung Litauens unterscheidet sich etwas von den Russen in den Nachbarländern. Dies hängt auch auf mit dem Grad der Integration und der Staatsbürgerschaft zusammen. Hier gibt es erhebliche Unterschiede.

Im Jahr 2015 lebten mehr als 1 Million Russen in den baltischen Staaten, insbesondere in Lettland mit 515 Tausend (26% der 1,9 Millionen Einwohner), in Estland mit 325 Tausend (26%) von 1,3

Millionen Einwohnern und in Litauen mit 173 Tausend (ungefähr 6%). In Lettland und Estland gab es in den letzten Jahren ein Problem massenhafter Staatenlosigkeit – etwa 400.000 Letten und mehr als 110.000 Esten sind staatenlos. In Litauen gibt es fast keine Russen oder russischsprachigen Staatenlosen. Ausnahmen bilden diejenigen, denen politisches Asyl gewährt wurde. Darüber hinaus ist Vilnius zum wichtigsten ausländischen Zentrum der politischen Oppositionen in Russland und Belarus geworden. Es gibt ausländische Zentren von Oppositionsparteien, Medien, politischen Foren und Konferenzen.

Bei jungen Menschen gibt es zwei Lager. *Die erste Grup*pe ist die integrierte Jugend, die Jugend der Hauptstadtregionen, in Visaginas und ein kleiner Teil der Jugend im Nordosten Estlands und Latgales. Im Vergleich zu anderen hat in dieser Gruppe der Großteil die Staatsbürgerschaft des Wohnsitzlandes und beherrscht die Staatssprache bestens. Dies liegt an der Tatsache, dass die meisten von ihnen in den unabhängigen baltischen Staaten geboren wurden. Darüber hinaus sprechen alle nichtlitauischen Jugendlichen und Litauer mittleren Alters die Staatssprache. In Ostestland und Lettland ist die Situation jedoch ganz anders. Die mangelnde Bereitschaft, die Staatssprache zu lernen, ist prinzipiell und entwickelt sich zu kremlfreundlichen politischen Ansichten. Dazu tragen Fernsehprogramme aus der Russischen Föderation sowie lokale russischsprachige Medien erheblich bei.

Darüber hinaus unterscheidet sich die integrierte Gruppe durch das höchste Migrationspotenzial. Die Migrationsrichtungen sind jedoch unterschiedlich. Die Jugend der Hauptstadt konzentriert sich darauf, das Land zu verlassen, hauptsächlich in die europäischen Länder, nicht nach Russland. Die Migrationspräferenzen sind bei russischsprachigen jungen Menschen in Randgebieten etwas anders, von ihnen streben einige danach, entweder in die Hauptstadt ihres Landes oder nach Russland zu ziehen, aber die meisten ziehen es wie die in den Hauptstädten vor, in den westlichen Teil der EU auszuwandern.

Die *zweite Gruppe* ist die nichtintegrierte Jugend, der größte Teil der Jugend im Nordosten Estlands und in Latgale. Die Existenz dieser Gruppe ist auf soziale Unsicherheit zurückzuführen. Ein charakteristisches Problem dieser jungen Menschen ist auch ihre Drogenabhängigkeit und ihr Alkoholismus. Einer der Hauptgründe für das Auftreten dieser Probleme bei russischsprachigen Jugendlichen ist die Schwierigkeit, eine Fremdsprache zu lernen, was häufig zu massenhaftem Schulabbruch, zum Wechsel in kriminelle Gruppen sowie zur Beliebtheit von Militärlagern führt, die Russland und seine pro-Putin-Jugendorganisationen im Hinterland der Russischen Föderation für sie organisieren. Bereits zum zweiten Mal in Folge arbeiten (2016) solche paramilitärischen Sportzentren für russischsprachige Schulkinder in Litauen, Lettland und Estland auf dem Gebiet der Russischen Föderation.

In allen drei baltischen Staaten gibt es prorussische Parteien: in Estland die zentristische Partei unter der Führung von Edgar Sasivaar, früher Bürgermeister von Tallinn und Premierminister von Estland, in Lettland eine starke Koalition von Parteien, das *Zentrum der Zustimmung*, das vom Bürgermeister von Riga Nils Ušakovs geführt wird, in Litauen ein polnisch-russisches politisches Bündnis unter der Führung des Europaabgeordneten Tomaševski . Sie sind alle Anhänger und politische Verbündete der pro-Putin-Kräfte in der Russischen Föderation. Die Wahl von Valdemar Tomaševski (Litauen) in das Europäische Parlament und Vertreter seiner politischen Kraft (die vereinte Kraft von *Wahlaktion, Solidarität* und *Russischer Allianz*) im Stadtrat von Vilnius und im litauischen Parlament weist ebenfalls auf die Existenz einer ausreichenden Anzahl von Anhängern hin. Außerdem gibt es in Litauen, Lettland und Estland nichtparlamentarische nationale linke politische Kräfte, die offen ihre Sympathien für den Kurs Putins demonstrieren", so legte der Journalist Viktor Černišuk während unseres Gesprächs dar.

Die Tschechische Republik – Überbleibsel des Kommunismus und des Einflusses des Kremls

Nicht geringer ist der Einfluss von Propagandisten und Politikern der Russischen Föderation in der Tschechischen Republik, die langjährige politische Kontakte zu Russland unterhält, das während der Blütezeit der Sowjetunion das Zentrum der Anziehungskraft für die tschechischen Kommunisten war. Diese Freundschaft ist längst vorbei, aber selbst die Überreste des früheren Einflusses sind beeindruckend, es gibt hier eine gewichtige Vertretung der Kommunisten im Parlament, hinzu kommen die Loyalität des Präsidenten und seine unbegründeten politischen prorussischen Erklärungen, die Aktivitäten russischer Banken in der Tschechischen Republik, verschiedener Vereinigungen, Gesellschaften, NGOs und die russische Diaspora in Karlsbad (Karlovy Vary).

Hiermit verbunden ist übrigens eine sehr interessante Geschichte, die mir der tschechische Journalist Jaroslav Pešek erzählt hat. Als Karlsbad einen Park in der Kurstadt Instand setzte und sich fragte, welchen Namen es ihm geben sollte, wurde die russische Diaspora, die die Stadt seit zaristischen Zeiten liebt, sehr schnell aktiv und schlug vor an, sie nach Peter dem Großen zu benennen, zu dessen Ehren es bereits ein Denkmal in der Stadt gab. Aber das Verhalten der Russen war so selbstsicher und frech, dass es sich anfühlte, als wären sie zu Hause. Ihre Aktionen lösten eine Gegenreaktion aus: Der Park wurde nach der ermordeten russischen Oppositionsjournalistin Anna Politkowskaja benannt. Initiator war Marek Svoboda, der Leiter des Zentrums für Demokratie und Schutz der Menschenrechte *People in Need*.

Das heißt, es gibt Widerstand, und er ist auch sehr kreativ und effektiv. Trotzdem ist ein Teil der politischen Eliten der Freundschaft mit dem Kreml und den russischen Geheimdiensten weiter treu geblieben. Dies ermöglicht es Russland, informelle Präzedenzfälle zu schaffen, beispielsweise die Eröffnung einer nicht anerkannten „Diplomatischen Mission der DNR" oder die wiederholte Blockierung der Abstimmung im Parlament über eine Handelsassoziation mit der Ukraine.

Russland versucht, die Überreste des Einflusses der Sowjetunion in jedem Land zu transformieren, ohne die Ideologie zu vernachlässigen. Aus diesem Grund ist auch die konfrontative Ideologie der *Russischen Welt* sehr vage und wenig stichhaltig. Schließlich geht es ihr nicht darum, zu mobilisieren, sondern zumindest sich abzugrenzen. Das heißt, wenn es alte Kontakte zur Familie Assad in Syrien gibt, so können unter dieser alten Freundschaft bereits Geheimdienstoperationen geplant werden, unter dem Deckmantel des Kampfes gegen den IS und des Schutzes orthodoxer Christen. Und dies passt in den Rahmen der Ideologie der *Russischen Welt*. Es gibt ebenfalls eine Kooperation mit den tschechischen Kommunisten, den Russlanddeutschen, den argentinischen Linken, dem griechischen Klerus und vielen anderen Gruppen auf der ganzen Welt, wo die alten Verbindungen der Sowjetunion oder die religiösen Kontakte des Imperiums weiterexistieren. Es ist ein seltsames Konzept, in dem es fast keine Ideologie gibt, sondern nur den Wunsch, ein eigenes Netzwerk politischen und sozialen Einflusses auf der ganzen Welt aufzubauen, den Mythos eines Superstaates zu schaffen, in die alten Tage des Kalten Krieges und lokaler kriegerischer Konflikte zurückzukehren.

Die Zielgruppe der *Russischen Welt*

Die Zielgruppe der *Russischen Welt* im Ausland, außerhalb der Gebiete der ehemaligen Sowjetunion in den EU-Ländern, sind Personen, die sich in der sozialen Hierarchie der Länder, in denen sie leben, nicht selbst bestimmen konnten. Meistens sind es Menschen, die die UdSSR nach ihrem Zusammenbruch verlassen haben und in europäische Länder gezogen sind und dort einige familiäre Bindungen haben. Aber im Laufe der Zeit haben sie die Sprache des Landes nicht auf so hohem Niveau erlernt, dass es für eine hochbezahlte Position ausreichte, sie konnten die Traditionen des Landes und seine Sozialgesetze und Gesellschaftsverträge nicht akzeptieren. Diese Menschen teilen die Gesellschaft in „wir" und „sie", leben territorial in Deutschland, Estland, der Tschechischen Republik, bleiben aber mental immer noch in Russland. Obgleich sie das Territorium ihres Lebens verändert hatten, veränderten sie den geistigen Lebensraum nicht und lebten weiterhin nach alten Gewohnheiten, sahen russisches Fernsehen und folgten der russischen Politik, die ihr Leben lange Zeit nicht wirklich beeinflusst hat. In diese Kategorie fallen Menschen der mittleren und älteren Altersgruppe.

Junge Menschen dagegen haben sich schnell in die heutige Welt und Gesellschaft des ihres Wohnsitzlandes integriert. Sie haben eine hochqualifizierte Ausbildung, gute Arbeitsplätze und hervorragende wirtschaftliche und soziale Aussichten. Sie für die Idee der *Russischen Welt* einzuspannen, zu manipulieren, einzuschüchtern oder Gefühle zu wecken, ist fast unmöglich. Dies sind Menschen, die bereits die Nabelschnur vom Sowjetischen Wesen und Russischsein durchtrennt haben und zu vollwertigen, erfolgreichen Weltbürgern geworden sind.

Wenn wir das Auditorium der im IS rekrutierten jungen Menschen und die oben beschriebene ältere Altersgruppe untersuchen, so gibt es reichlich Ähnlichkeiten mit der Zielgruppe der *Russischen Welt*: ein Gefühl der Ungerechtigkeit, die Unfähigkeit, Teil der Gesellschaft zu werden, in der sie leben, Hass auf diese Gesellschaft, Ablehnung von Werten und der Wunsch, zur historischen Gerechtigkeit zurückzukehren. Der einzige Unterschied besteht darin, dass die Ideologie des Islamischen Staates radikaler, weniger sentimental, jünger und leidenschaftlicher ist.

In Russland ballt sich alle Aggression in der Regierung, wie die Ereignisse in Georgien, in der Ukraine, in Syrien und die Provokationen in den baltischen Ländern zeigen. Der IS hingegen kämpft mit einer Netzwerkstrategie. Daher ist das Einzige, was die Befürworter der Kreml-Ideologie heute können, ihn stillschweigend zu unterstützen und bereit zu sein, die Wahrheit der Lügen des Kremls anzuerkennen. Das Publikum zeichnet sich aus durch eine hohe Abhängigkeit vom Fernsehen und extreme Passivität. Letzteres kann sich jedoch leider mit der Zeit ändern.

Abschnitt II: Propaganda

> *Der Zweck dieses Krieges ist nicht, wie in der klassischen Propaganda zu überzeugen, sondern das Informationsfeld schmutzig zu machen. Sein Zweck ist, dass niemand irgendjemandem vertraut. Sie sagen: Du musst uns nicht glauben, aber Propaganda ist dies wie das, es gibt keine Wahrheit. Vertraue niemandem. Wenn das Informationsfeld getötet ist, ist alles, was funktioniert, Angst, Panik, Apathie. Dies ist wie ein Terroranschlag auf die Infrastruktur des Geistes.*[14]
>
> Peter Pomerantsev, britischer Journalist

Propaganda und Medienmanipulation – Fallanalysen

Neben der militärischen und politischen Destabilisierung der Ukraine betreiben die prorussischen Streitkräfte in großem Umfang die Informationsdestabilisierung, die alle Kommunikationsarten umfasst, ohne alte oder neue Formen auszulassen. Dies reicht von Fernsehen, Zeitungen, Radio über Propaganda bis hin zur Ausbreitung von Panik über das Internet, Radio, Flugblätter, kostenlose Printmedien und sogar SMS-Nachrichten.

Jede der Formen hat neue und kreative Wege der Propaganda gefunden, abhängig von der Zielgruppe des Contents. Eine der Methoden des Kremls ist es auch, die Stabilität der innenpolitischen Situation zu untergraben. Wenn Unzufriedenheit mit der ukrainischen nationalen Regierung als totaler Staatsverrat dargestellt wird, zeugt dies von der Arbeit russischer Technologen.

Um die Prinzipien des Einflusses der ausländischen Informationen Russlands auf das Territorium der Ukraine, Georgiens und der baltischen Staaten besser zu verstehen, ist es wichtig zunächst zu untersuchen, wie die Manipulation des Bewusstseins und die Propaganda in Russland selbst organisiert wird.

---

[14] http://www.pravda.com.ua/articles/2015/03/31/7063251/, Ukrajinska Prawda, 31. März 2015.

Diese Politik verschafft Putin große Beliebtheit, sorgt für die Illusion politischer Stabilität und fördert seine Bewunderung unter den Massen des Volkes. In anderen Ländern wäre unter solchen Bedingungen ein Militärputsch, eine Revolution oder ein groß angelegter friedlicher Protest gewagt worden.

Medienmanipulationen gelingen dem russischen Präsidenten Wladimir Putin nicht einfach so. Er hat die vollständige Kontrolle über das russische Informationsfeld, alle Medien und alle Fernsehkanäle. Vor allem über die Fernsehkanäle. Hierdurch gelang es ihm, eine geschickte Informationsmaschine zu errichten, die für die innenpolitische Wahlbeeinflussung stets von Nutzen war, so dass er ohne auf irgendetwas Rücksicht zu nehmen, auch nicht auf die Verfassung, weiter an der Macht bleiben konnte. Diese Politik begann auch bei ausländischen Militäreinsätzen Früchte zu tragen, zuerst in Georgien und dann in der Ukraine.

Der ukrainische Journalist Ihor Solowej nennt die folgenden Beispiele für Medienmanipulation durch die russischen Medien:

- Unterschieben von Fakten;
- Verwendung einer unbekannten Informationsquelle (Blog, fiktive Medien usw.) als Quelle für Nachrichteninformationen;
- Berufung auf nichtexistierende oder wenig bekannte Redner und Experten;
- bewusste Vermeidung von Meinungen wirklich maßgeblicher Kommentatoren, die in der Lage sind, den tatsächlichen Inhalt der Vorgänge gründlich zu erklären;
- „Verweise auf Autorität" liegt vor, wenn nicht Experten, sondern beispielsweise berühmte Sänger, Schauspieler, Sportler die politischen Ereignisse kommentieren, von denen sie keine Ahnung haben. Gleichzeitig werden ihre Worte im Fernsehen als Sensation und Expertenmeinung präsentiert, indem der hohe Status des Kommentators dieser Vorgänge genutzt wird, ohne dass er vom Fach ist;
- unvollständige und absichtlich ungenaue Titelgebung, Verwendung von Kommentaren von Personen mit fiktiven und aufgeblasenen Positionen und Status, um ein positives Bild der Russischen Föderation zu schaffen;
- Reißen aus dem Zusammenhang;
- Verlinkung zu alten Nachrichten, die zum Zeitpunkt der Veröffentlichung eine neue Bedeutung erhalten;
- künstliche Einführung von Themen in den Informationsraum, wenn beispielsweise in Anwesenheit der Medien an einen bekannten Redner eine Frage gestellt wird.

Separat sollten wir die absichtlich ungenauen Übersetzungen von ausländischen Nachrichten erwähnen, die zur künstlichen Manipulation von Fakten durch die russische Medienindustrie hinsichtlich Entwicklungen Europas beitragen. In regelmäßigen Abständen enthüllen europäische Journalisten lächelnd die Details solcher russischen Propaganda, die subtil die Lehren nicht nur von Goebbels, sondern auch von anderen Lügnern und bekannten Manipulatoren verwendet.[15]

Wer ist auf technischer Ebene für Propaganda verantwortlich?

Die Berichterstattung über das Thema Krieg wird in der Struktur der russischen Medien von den *Abteilungen für Ereignisse* (russisch: „отделы происшествий") übernommen, die zu fast 90% entweder mit Sicherheits- oder Strafverfolgungsbeamten besetzt sind. Sie verstehen sich wie niemand anderes auf das Thema des Kriegs, haben ein Medientraining und können eine entsprechende Informationsbegleitung sicherstellen. Journalismus ist für sie kein Beruf, sondern ein Instrument zur Begleitung von Kampfhandlungen. Aus diesem Grund haben sie keine Gewissensbisse, keine bestimmten Verhaltensstandards, keinen Wunsch, im Interesse der Gesellschaft zu arbeiten, alles, was einen professionellen Journalisten ausmachen sollte, gibt es nicht. Und eben Leute dieses Berufs sind für die Füllung des Medienbereichs mit Informationen und Manipulationen verantwortlich.

Der Journalist selbst ist nicht immer besonders involviert, denn sein Redakteur spielt sehr oft eine größere Rolle. Er schickt den Journalisten an den betreffenden Ort mit einer Reihe von Fragen und Themen oder einfach nur, um Ereignisse zu erfassen, die die gewünschten Auswirkungen auf das Medienfeld haben, weil sie selbst eine ideologische Last tragen.

Dieses System in Russland stammt aus der Sowjetzeit, wurde aber nach den tschetschenischen Feldzügen wiederbelebt. Damals

---

[15] http://news.liga.net/video/world/10857774-oni_vse_vydumali_krupneyshi y_tv_kanal_frantsii_dokazal_lozh_smi_rf.htm

wurden viele der Veteranen umgeschult zu Journalisten und zur Arbeit in die Medien geschickt, wo sie für zwei Abteilungen arbeiteten, die offizielle und die militärische. Dies ist aus Sicht des Managements für das politische System sehr praktisch, da es schwierig ist, besser ausgebildete und ausführungsbereite Kommandos zu finden als das Militär in Russland. Und die Frage der journalistischen Ehre wird dort überhaupt nicht angesprochen, weil es sich bei allen um Militär-, Geheimdienst- und Sicherheitspersonal handelt. Vertreter dieser Berufe diskutieren keine Befehle und sehen Informationen nur als Werkzeug, um die Aufgaben ihrer Führung zu erfüllen. Die Imitation journalistischer Standards ist für sie etwas, das man genauso tun muss wie Tarnkleidung auf einem fremden Territorium anziehen.

Die Suche nach talentierten jungen Menschen findet übrigens häufig in Militärabteilungen der Fakultäten für Journalistik statt. Ausgewählte Kandidaten können dann nach der Anstellung Einsätze begleitet oder in Informationskampagnen eingesetzt werden, um punktuelle Aufgaben zu erledigen.

Alle staatlichen und eine Reihe privater Massenmedien haben sich zu Informationseinheiten entwickelt, die echte Kampfhandlungen unterstützen. Journalisten wurden zu Militärkorrespondenten, als sie gezwungen wurden, an Plätzen von Raketenwerfern zu filmen. Sehr oft verstand der Journalist selbst seine Rolle nicht und glaubte, dass er eine berufliche Aufgabe ausübte. Mit der Zeit jedoch, mit Erfahrung, errät der Journalist, wo und wann er eingesetzt und manipuliert wurde und dass er scheinbar unvoreingenommene Aufgaben übernommen hat, die aber einen Propagandazweck hatten.

Ihor Solowej zufolge verrichten die Machtorgane eine eigene Arbeit auf der Ebene der Chefredakteure bestimmter Veröffentlichungen.

Befehle werden in der Regel auf der Grundlage von mündlichen Wünschen, Verboten einzelner Redner und der Genehmigung erforderlicher Thesen gegeben. Obwohl Journalisten und Blogger über „Thesengeber" oder *Temnyky*, wie man sie auch zu nennen liebt, schreiben, ist es jetzt schwierig, bestätigte Nachweise zu finden.

Wenn wir den russischen Informationsraum und die prorussischen Medienaktivitäten in der Ukraine, insbesondere in den besetzten Gebieten, analysieren, können wir die Lenkung der Informationsflüsse und die Art und Weise der Kommentierung und Berichterstattung über Ereignisse erkennen. Propaganda und Manipulation der Wahrheit, Ereignisse und Fakten beruhen weniger journalistische Fähigkeiten als vielmehr auf richtig geplanten Szenarien, gekonnt platzierten Akzentsetzungen und erfolgreich ausgewählten oder sogar gelenkten Ereignissen. Für viele ist es immer noch ein Rätsel, wer diese intellektuelle Arbeit denn tatsächlich leistet. Wer ist dafür verantwortlich?

Es gibt einen Mythos, dass Putin sich darum kümmert, weil die Kampagnen des Kremls einfach durch ihre Rücksichtslosigkeit, Grausamkeit und ihren Zynismus beeindrucken. Aber das ist wahrscheinlich nicht wahr. Putin kümmert sich nicht persönlich um den Inhalt, zumindest auf technischer Ebene. Obwohl es klar ist, dass es Putin ist, der den Ton angibt, weil er der Hauptauftraggeber dieses Produkts ist.

Aleksej Gromow (Putins ehemaliger Pressesprecher) und sein Team sind Quellen zufolge derzeit für die gesamte Informationspolitik auf der Ebene der Verwaltung des Präsidenten der Russischen Föderation verantwortlich. Sie „formen Bedeutungen" und bestimmen den allgemeinen Trend und die Richtung der Informationsabdeckung von Ereignissen. Ein Teil der Instruktionen wird an die Chefredakteure der Medien weitergegeben, ein Teil an verbundene Experten, Politikwissenschaftler und einfach Personen, auf deren Meinungen die Öffentlichkeit hört. Für viele Journalisten und Redakteure sind diese Meinungsmacher ein Informationsmarker, der ihnen sagt, in welche Richtung sich die politische und mediale Agenda ändern wird, was genau die Administration plant und welche Art von Bild sie im Kreml sehen möchten.

Welches sind die russischen Medien?

Der Inlandsmarkt besteht aus *Erstem Kanal, Russland 1, TNT, NTV, STS, TVC, REN TV* und vielen anderen Kanälen. Sie schaffen ein Bild der Realität für den russischen Bürger und nicht nur für ihn.

Für viele Bürger postsowjetischer Länder sind diese Kanäle maßgeblich. Und selbst wenn russische Staatsbürger ins Ausland gehen, werden sie oft nicht von ihren einheimischen Medien aus der Hand gegeben, auch in Hotels in der Türkei, in Ägypten und in Thailand sehen sie ihre Lieblingsfernsehkanäle.

Im Allgemeinen formen diese Fernsehkanäle jedoch ein Bild, das die Weltsicht der Menschen bestimmt. Einige von ihnen sind populärer, andere weniger, aber alle zusammen bilden sie eine Vielfalt und geben ein Gefühl der Auswahl. Schließlich ist für viele Russen das Hauptargument zur Verteidigung der Richtigkeit der erhaltenen Informationen: „Ich schaue verschiedene Kanäle."

Das *Phänomen Dmitrij Kisseljow* ist nicht vollständig zu verstehen, da er ein Journalist ist, der quasi als politischer Flüchtling in die Ukraine gekommen ist. In Russland hatte er nicht die Möglichkeit, seine Lieblingsbeschäftigung frei auszuüben, ein ehrlicher Journalist zu sein, und war gezwungen, nach Kyjiw zu ziehen und dort bei einem der lokalen Kanäle zu arbeiten. Aber kleine Budgets, die Abwesenheit eines großen Auftraggebers und die großen Perspektiven des Fernsehens der Russischen Föderation zwangen ihn, nach Moskau zurückzukehren, wo er schließlich seinen Platz fand und zu einer zentralen Figur im Propagandaraum des Kremls wurde.

Denys Bogusch zufolge erwies sich Kisseljow als universeller Medienmanager, der dem Kreml ein Qualitätsprodukt anbieten konnte, das gerade zur rechten Zeit kam, beliebt bei der Bevölkerung, er passte in den ideologischen Rahmen und bedurfte keiner Konsultationen bezüglich der Wahrhaftigkeit. Dies ist auch sehr wichtig bei der Umsetzung von Militärprojekten.

Dmitrij Kisseljow moderiert die vielleicht beliebteste TV-Show im russischen Medienraum, *Nachrichten der Woche mit Dmitrij Kisseljow*, in denen er seine Einschätzung der aktuellen Ereignisse gibt. Professionell, klar, aber nicht besonders objektiv.

Das britische Magazin *The Economist* schreibt: „Der neue Propagandastil, der in der Person von Kisseljow auftaucht, zielt darauf ab, das Publikum aufzuhetzen und zu mobilisieren, Hass und Angst anzuregen. Dieser Stil erinnert an Orwells Zwei-Minuten-Hass, der mehr als eine halbe Stunde dauert."

Im Dezember 2013 wurde bekannt gegeben, dass auf der Grundlage der *RIA Nowosti* eine neue Struktur, die *Internationale Informationsagentur „Rossija Sewodnja"*, eingerichtet wird. Dies war in der Tat ein Moment der Anerkennung von Kisseljows Propagandatalent und seiner Notwendigkeit für den Kreml. Laut Dekret des Präsidenten wird die Hauptaufgabe der neuen Agentur darin bestehen, „die staatliche Politik der Russischen Föderation und das russische öffentliche Leben im Ausland zu beleuchten". Kisseljows Aussage war sentimentaler und besagte, dass seine Mission und die Mission der Agentur darin bestanden, eine faire Haltung gegenüber Russland zu entwickeln und seine guten Absichten zu demonstrieren. Das war am Vorabend der Annexion der Krim. Bald sickerten aber durch gehackte E-Mail-Accounts und Messengers des Journalisten Informationen durch über die Unaufrichtigkeit von Kisseljows Worten und den wahren Zweck seiner Ernennung. Es geht dort darum, akademische Titel und Artikel für seine Frau gekauft zu haben, ferner eine 200 Quadratmeter große Wohnung im Zentrum von Moskau und so weiter. Aus irgendeinem Grund schweigt das Hauptsprachrohr des Kremls darüber.

LifeNews – ein Kriegskanal?

Der russische Markt zeichnete sich nie aus durch übermäßige Werbebudgets oder das Vorhandensein von Medien, die von Abonnements getragen waren oder eine andere, nichtstaatliche oder neooligarchische Existenzform hatten. Hauptauftraggeber des Mediengeschäfts ist der Staat. Selbst die Oligarchen spielen hier eine eindeutig untergeordnete Rolle, da sie kein Recht haben, die Medien gegen den Staatsapparat einzusetzen, insbesondere wenn es um den Kreml geht. Was können Sie im Vergleich dazu über die Ukraine sagen, wo nationale Kanäle nicht nur die jeweils amtierende Regierung kritisieren, sondern sogar offen mit Schlamm bewerfen können? In Russland ist dies strengstens verboten. Natürlich dürfen Oligarchen die Medien im Krieg gegeneinander einsetzen, um sich zu verteidigen oder anzugreifen, um der politischen Elite zu dienen, aber keineswegs gegen sie. Das wird schwer bestraft. Beispiele des Schicksals von Gusinskij, Beresowskij und einer

Reihe anderer wurden grell in die Köpfe der Kohorte der reichsten Russen eingeschrieben, die gemeinhin als Oligarchen bezeichnet werden.

Der russische Medienmarkt ist jedoch aufgrund eines großen, wenn auch staatlichen Budgets sowohl lebhaft als auch sehr professionell. Eines dieser Medien, das für den Staat nützlich wurde und während der militärischen Aggression in der Ukraine rechtzeitig da war, wurde LifeNews. Aufgrund von übermäßigem Engagement, Lügen, Propaganda und Manipulationen wurden sie sehr schnell im professionellen und später im allgemeinen Umfeld als LIENEWS bezeichnet. Es war eines der Medienunternehmen, die als erste über den Krieg berichteten, insbesondere an Hotspots. Journalisten begleiteten de facto die Soldaten, erhielten maximalen Zugang zu den notwendigen Informationen und Inhalten des Krieges. Es ist klar, dass dies für eine einseitige Berichterstattung über die Ereignisse im Donbass, auf der Krim oder in der Ukraine im Allgemeinen geschah. Fast alle Journalisten und Medienexperten, mit denen ich während des Schreibens des Buches gesprochen habe, gaben an, dass das Team des Kanals ausschließlich finanziell motiviert sei. Es ist ohne jegliche Ideologie. Beispielsweise unterstützte Konstantin Malofejew den Krieg sowohl informell als auch finanziell. Die Tatsache, dass der Gründer und Leiter von L!FENEWS Aram Gabrelanow ist, dessen Portfolio eine Reihe von Medienunternehmen zweifelhafter Reputation und den Wunsch nach großen Budgets enthielt, ist ebenso aufschlussreich.

Russia Today ist heute Putins internationales Sprachrohr

Obwohl Russland mit dem inländischen Markt seiner Wählerschaft und mit den Ländern der ehemaligen Sowjetunion arbeitet, die auch vom russischen Medienraum, von der politischen Konjunktur, von den Bildern der Helden und der Einstellung zu Feinden bestimmt werden, versucht es zusätzlich, den ausländischen Markt zu beeinflussen und die Botschaften zu vermitteln, die es braucht.

Zunächst wurde der Kanal Russia Today (RT) als Quelle für positive Nachrichten über Russland eingerichtet. Da RT bei seinen

ABSCHNITT II: PROPAGANDA 63

Zuschauern auf der Welt jedoch nicht auf Interesse stieß, konzentrierte sich der Sender erneut auf globale Verschwörungen und auf Kritik an den Vereinigten Staaten. Jetzt reden sie auf RT nicht darüber, wie gut Russland ist. Sie sprechen mehr über den schlechten Westen, was sehr oft mit den Ansichten der Euroskeptiker oder Hasser der Vereinigten Staaten übereinstimmt, zum Beispiel in Lateinamerika, in einigen asiatischen Ländern, in denen die antiamerikanische Stimmung weiterhin populär ist.

Aber das wichtigste ausländische Sprachrohr des Kremls hat keine starke Signalwirkung oder politischen Einfluss. Alle Ratings bewegen sich im Rahmen von Fehlern soziologischer Erhebungen. Darüber hinaus haben aktive Journalisten seit langem die Frage nach der Zweckmäßigkeit eines Instruments aufgeworfen, das seinen erklärten öffentlichen Auftrag nicht erfüllt. Selbst auf internationaler Ebene wird es oft als Instrument der Propaganda wahrgenommen, und die meisten Zuschauer befinden sich in Russland selbst.[16]

Ein solcher Kanal wird zwar für das Selbstbewusstsein des Imperialismus und als teures Spielzeug benötigt, das wohlhabende Länder haben, aber in Russland gab es das noch nicht. Aus diesem Grund werden zig Milliarden russischer Rubel nicht für soziale Absicherung, Straßen oder Gehälter für Lehrer und Ärzte ausgegeben, sondern für ein Spielzeug für Politiker, um das Gefühl politischen Einflusses in der Welt zu simulieren.[17]

Zu erwähnen ist auch die Kreativität der russischen Agitprop, die neben offiziellen Kanälen sich anstrengt, nach neuen Formen des Einflusses und der Propaganda im Ausland zu suchen. Insbesondere seit 2014 wurde eine Reihe von Fällen registriert, die es uns ermöglichen, nicht über Zufälle zu sprechen, sondern eher über einen konstanten Trend, als russische Journalisten und Medienmanager aus den ehemaligen und manchmal aktuellen Sicherheitskräften in den Westen zogen (meist in europäische Länder) und dort

---

[16] Nachdem Mitte Juli 2020 bereits die baltischen Staaten RT gesperrt hatten, sperrte und löschte am 28. September YouTube den deutschen Kanal von RT, der etwa 600.000 Abonnenten hatte. (Anm. d. Ü.)
[17] https://noodleremover.news/russia-today-информационная-вой-на-и-мил иарды-просморов-откуда-берутся-цифры-5265a94d. ct2mbq9ed

eigene Produktionsstudios eröffnen. Dort stellen sie lokales Personal ein und produzieren mit ihm ein Informationsprodukt, das in den lokalen Medien nicht mehr als russisch, sondern als tschechisch, polnisch, deutsch usw. gezeigt wird. Von außen sieht alles aus wie ein natürlicher Migrationsprozess von Intellektuellen. Die Herkunft dieser Personen, ihre Berufsausbildung und die Besonderheit der Informationsmaterialien lassen jedoch darauf schließen, dass die Umsetzung eines solchen Systems nicht ohne die Beteiligung der Geheimdienste der Russischen Föderation verlief.

Ihor Solowej behauptet: „Unabhängige Medien in Russland sind aus vielen Gründen unmöglich, aber es gibt einige Lichtblicke wie *Nowaja Gaseta*, *NewTime*, *Doschd* und *OpenRussia*.[18] Sehr oft ist ihre Arbeit eher Heldentum als alltäglicher professioneller Journalismus. Das wichtigste aber ist, es gibt in Russland ideologisch adäquate und sehr professionelle Journalisten, trotz des staatlichen Drucks und der Ausrichtung der Medien.

In diesem Zusammenhang ist auf die Veröffentlichungen von Pawel Kanigin, Oleg Kaschin und Boris Nemzows eigene Untersuchung zur Berichterstattung über die russische Aggression im Donbass hinzuweisen.[19] Diese Publikationen wurden während des Informationskrieges weithin bahnbrechend. Gleichzeitig hatten sie in Russland selbst den gegenteiligen Effekt, sehr oft auch einen tragischen. Zum Beispiel den Mord an Boris.

Es ist sehr falsch zu sagen, dass es in Russland keine Journalisten oder keine ehrlichen Journalisten gibt. Sie sind sehr, sehr professionell. Aber es gibt kein Umfeld und keine Nachfrage nach ehrlichem Journalismus."

---

18 *OpenRussia* wurde inzwischen 2017 als unerwünscht erklärt, *Doschd* gilt in der Russischen Föderation seit dem 20. August 2021 als feindlicher Agent. Bereits seit 1962 gibt es russische, seit 2000 ukrainische Ausstrahlungen der *Deutschen Welle* (Anm. d. Übers.)

19 Die Dokumentation *Putin. Krieg* wurde im Januar 2015 fertiggestellt. Vgl. den entsprechenden Wikipedia-Artikel https://en.wikipedia.org/wiki/Putin._War. Der Text ist auf Englisch abrufbar unter dem Link https://web.archive.org/web/20150529130114/http://4freerussia.org/putin.war/Putin.War-Eng.pdf. (Anm. d. Übers.)

Die Aktivitäten russischer Journalisten wirken sich auch aus auf die Ereignisse in der Ukraine, sowohl positiv als auch negativ, mehr allerdings letzteres. Der Einfluss prorussischer Medien in der Ukraine wird durch eine Reihe von Online-Veröffentlichungen, Fernseh-, Radio- und Printmedien, maßgeblichen Persönlichkeiten, Politikwissenschaftlern, Politikern und Beamten realisiert. Zumindest vor der Besetzung der Krim und des Donbass funktionierte alles so. Aber später brach diese Pyramide zusammen, obwohl sie nicht aufhörte, vollständig zu funktionieren, indem sie ihre eigene Informationspolitik über Kabelnetze, das Internet und familiäre Bindungen von Ukrainern und Russen bildete.

Für wen ist die „Propaganda" bestimmt?

Propaganda ist in den letzten Jahren eher militärisch als innenpolitisch oder gar wählerbezogen. So baut sie auf Angst, Panik und ein ständiges Gefühl der Gefahr. Der Polittechnologe Denys Bogusch unterscheidet vier Inhaltsebenen, die für verschiedene soziale Gruppen, Gebiete sowie die emotionale und intellektuelle Wahrnehmung konzipiert sind:

1. Die instinktive und emotionale (Angst, Schrecken, Schock)
Das ist notwendig für alle Information, die Einfluss nehmen will. Mord, Schock und Angst sind daher die wichtigsten Höhepunkte von Fernseh- und Medienberichten über die Situation in der Ukraine. Der Beschuss friedlicher Wohngegenden und das System der Gerüchte spielen hier eine wichtige Rolle. Es ist wichtig, einen möglichst großen Teil der Bevölkerung auf so einem Niveau zu halten, auf dem kritisches Denken minimal ist.

2. Die rationale (Argumentation, Bild)
Jedes Ereignis dieses Krieges wird interpretiert und in spezifischer Weise belegt. Für diejenigen, die versuchen, rational im „Weltbild" der russischen Propaganda zu denken, gibt es für jedes Ereignis eine Begründung. Obwohl dies für einen externen Beobachter eine Wahnvorstellung sein mag, dem intendierten Betrachter (Verbrau-

cher) ist alles in seinem eigenen Bild dargestellt und hat seine eigene Logik. Auf dieser Ebene verstehen sich selbst Verwandte möglicherweise nicht, wenn einer von ihnen ein Konsument russischer Propaganda ist und der andere nicht.

3. Die semantische (neue Stereotypen, Manipulation der Geschichte)
Die dritte Stufe ist für diejenigen, denen einfache Erklärungen nicht genügen. Sie lesen Bücher und können selbst analytische Schlussfolgerungen ziehen. Für diese Zielgruppe wird die Geschichte Russlands von der Ära Peters des Großen bis zu den heutigen „neuen Geschichten der Krim" und dem „russischen Volk des Donbass" und so weiter neu geschrieben.
Man kann sagen, dass eine große Anzahl von Büchern und Hunderte von Filmen und Serien für diese Zielgruppe veröffentlicht werden.

4. Die archetypische (Gruppeninstinkt, Kultur)
Auf der vierten Ebene ist der Wettbewerb der Kulturen oder der Krieg der Identitäten „Ukraine – Russland", „Russland – Westen". Dies ist die Ebene der Archetypen, des kulturellen Kampfes, der Gruppeninstinkte und Stereotypen. Hier werden manipulative Technologien eingesetzt.

Wer sind die „Gastspieler"? Verwandlung von Informationsbedrohungen in realen physischen Schaden und Verlust

Worin besteht die wirkliche Gefahr der *Russischen Welt*? Sie besteht darin, dass sie sich durch hybride Methoden ausbreitet und zunächst ideologische Präzedenzfälle schafft, die später echten physischen Schaden verursachen. Hierfür gibt es viele Beispiele, etwa die Bestechung von Gemeinderatsabgeordneten, die gegenüber der Presse Erklärungen abgeben, dass das Territorium sich abtrennen wolle, sie organisieren ein Referendum, lassen dann Truppen herein und organisieren einen Aufstand der von Russland bewaffneten Separatisten. Das Ergebnis: Tausende Tote, Zusammenbruch der Wirtschaft der Region, zwei Millionen Vertriebene.

Das Wichtigste im Konzept der *Russischen Welt* ist die Handhabung von Lügen. Zu diesem Zweck beschwören sie als Nachrichten verkleidete Geschichten, die in die Medien gelangen und diese de facto legalisieren. Anschließend reagiert der Kreml auf sie im Rahmen vorgegebener Angemessenheit, im Rahmen der Erwartungen der Russen, die von der Presse geschickt manipuliert werden. Und es spielt keine Rolle, ob diese Meldungen Wahrheitsgehalt besaßen, denn von dem Moment an, in dem sie legalisiert und im Fernsehen gezeigt werden, beginnen sie „ihr eigenes Leben zu leben", ihre Realität beschäftigt niemanden mehr. Üblicherweise sind die Fälle typische schockierende „Informationsbomben".

Ein Beispiel ist die Falschmeldung von der Kreuzigung eines kleinen Jungen, die in die kulturelle und religiöse Weltsicht eines Teils der russischen Bevölkerung passt. Diese ist orthodox und eine solche Barbarei ist für sie vielleicht die höchste Manifestation von Verbrechen, auf die hin sie den Behörden freie Hand für jede grausame Reaktion erteilt. Mord, Folter, Zerstörung und Beschuss – all dies begrüßt die Bevölkerung, weil sie die Reaktion auf die „Kreuzigung eines kleinen Jungen" für Heilig hält. Es ist so etwas wie Kreuzzüge und das Verbrennen von Hexen, wenn unter dem Deckmantel des Heiligen die wohl brutalsten Verbrechen der Menschheit begangen werden. Das einzige Problem ist, dass sowohl die Kreuzzüge als auch die Verbrennungen im Mittelalter stattfanden, nicht im 21. Jahrhundert, in einer Welt mit Informationstechnologie, erneuerbaren Energien und demokratischen Gesellschaftstrends.

Durch die Erteilung eines Gewaltmandats an die Regierung erwartet die Bevölkerung, dass Regierung und Staat sie vor solcher Gewalt auf ihrem Territorium schützen. So wurde die Politik des Kremls entschuldigt, denn unsere Truppen waren ja nur da, um eine gleiche Situation in unserem Land zu verhindern. Es ist klar, dass solche Pakte und Vereinbarungen nicht öffentlich sind, niemand spricht laut darüber, aber jeder stimmt ihnen zu. Wir haben eine Art „informell-militärischen Gesellschaftsvertrag" zwischen der Regierung und dem Staat, wenn die Hauptaufgabe des Staates nicht darin besteht, einen hohen Lebensstandard, Medizin, Bildung und Sicherheit zu gewährleisten, sondern eine Atmosphäre der

Angst für die Bevölkerung zu schaffen mit weiterer angeblicher Sicherheit für sie vor den wirklichen Folgen dieser Angst.

Um sensationelle „Informationsbomben" zu schaffen, benötigt die Medienproduktion des Kremls hochwertige professionelle Quellen. Schließlich müssen sie tagtäglich Empfindungen erzeugen. Die Bevölkerung muss schockiert sein, damit sie nicht den Einsatz von Truppen, die rücksichtslose Ausgabe von Haushaltsmitteln und den Tod ihrer Landsleute auf dem Territorium des einstigen Bruderstaates verurteilt. Zu diesem Zweck wurden professionelle Medien-Gastspieler in die sogenannten „Felder" an die Orte potenzieller separatistischer Territorien geschickt, wo sie das vom Auftraggeber erhaltene Skript realisieren und umsetzen sollten.

Wenn Sie jedoch eine kleine Inhaltsanalyse durchführen, können Sie eine sehr interessante Tatsache feststellen: Dieselben Personen treten in unterschiedlichen Erscheinungsformen auf: Heute ist sie eine Lehrerin in Odessa, die sich für die *Russische Welt* einsetzt, morgen eine Krankenschwester aus Mariupol, die unter der *Junta* litt. Einen Monat später ist sie eine Witwe, die ihren Mann verloren hat, der Donezk vor den *UkrOpy* verteidigte. Immer emotional, immer mit Tränen und Schreien, überzeugend und mitleiderregend. Dem ist sehr leicht Glauben zu schenken. Dies gilt insbesondere dann, wenn Sie nicht vom Fernseher weggehen und nur Inhalte aus einer Quelle konsumieren, selbst wenn es sich um Dutzende verschiedener TV-Kanäle, Online-Medien und Printmedien handelt. Schließlich bleibt die Tatsache bestehen: Die Quelle ist die politische Führung des Kremls, die genau solch eine Manipulation ihrer eigenen Bevölkerung benötigt.

Technisch ist alles sehr einfach zu organisieren, da nur unbekannte professionelle Schauspieler aus Provinztheatern erforderlich sind. Sie sind bereit, für ein Honorar jede Rolle zu spielen, auch um militärische Aggressionen zu unterstützen, da sie Soldaten der Informationskampagne sind. Sie erhalten Thesen zum Auswendiglernen, und werden an die richtige Stelle geschickt, wo sie den Kameramann und die Journalisten kontaktieren, die richtige Geschichte drehen und den Einsatzort wechseln und dann eine neue Rolle bekommen. Die Medienbranche braucht Dynamiken und Emotionen, die im wirklichen Leben nur sehr schwer zu vermitteln sind. Deshalb brauchen wir solche Charaktere, die Opfer und Zeugen aktueller Themen professionell spielen können. Und vor allem sind sie alle bereit, sämtliche im Kremlzentrum erfundenen Lügen zu legalisieren, um einen Informationsbrückenkopf für die Offensive von echten Truppen und echten Panzern zu schaffen.

Wer sind die Experten? Oder wie alles zumindest nachträglich erklärt werden kann

Eine Innovation der Kremlpropaganda waren voreingenommene, unwahre und gefakte Experten in den letzten Jahren nicht, das ist sicher, aber man hat dieses Instrument an den industriellen Maßstab und auf interkontinentaler Ebene angepasst. Infolgedessen sind russische Medienkommentatoren zu „Legenden des Journalismus" auf der ganzen Welt geworden, ein Beispiel dafür, was man im professionellen Journalismus nicht machen darf, und ein Thema, worüber viele Bürger in den Ländern sich lustig gemacht haben, deren Ereignisse die sogenannten Experten in den russischen Kanälen diskutieren.

Es ist sehr schwer zu leugnen, dass Kommentatoren, die dem Kreml und seinen Medien treu ergeben sind, zu einem Instrument der Propaganda geworden sind und dazu dienen, ihre eigenen Mythen oder Informationsangriffe auf bestimmte Objekte (ausländische Regierungen, einzelne Politiker, Ereignisse oder sogar ganze Länder) zu verteidigen. Denn wenn es keine klaren oder wahrheitsgemäßen Beweise gibt, wenn eine gelungene und schlüssige Manipulation erforderlich ist, wenn es notwendig ist, das Schwarze weiß zu nennen, wenden sich die Journalisten der Kremlmedien an sogenannte „unabhängige Experten", die zu einer verlässlichen Quelle für informellen Unsinn, antiamerikanische Empfindungen und patriotische Erklärungen an die Adresse Russlands geworden sind.

Nach den Standards des Journalismus muss sich ein Journalist bei der Erstellung von Beiträgen auf reale, wahrheitsgemäße und verfügbare Fakten verlassen. Wenn ein Journalist analytische Beiträge verfasst, hat er das volle Recht, die Meinung eines Experten einzuholen, sofern jener über die entsprechende Kompetenz und

Publikumsgunst verfügt und nicht persönlich involviert ist. Aber erfüllen russische Journalisten immer diese Standards? Diese Frage wurde vom ehemaligen Chefredakteur der Website inosmi.ru *(RIA Nowosti)*, dem Gründer und Autor des Blogs *Lapschesnimalotschnaja* (https://noodleremover.news) Aleksej Kowalew in einem sehr treffenden Interview mit *birdinflight.com* beantwortet.

> Alles hat sich sehr schnell geändert. Dies fiel zusammen mit dem Beginn des Euromajdan in Kyjiw, auf der Krim und dem großangelegten Krieg im Donbass. Am 9. Dezember 2013 unterzeichnete Wladimir Putin einen Beschluss zur Auflösung von *RIA Nowosti* (auf ihrer Grundlage wurde die internationale Nachrichtenagentur *Rossija Sewodnja* gegründet), und im März 2014 wurde die Führung endgültig ausgetauscht. Sie wurde auf maximale Loyalität gegenüber dem Kreml eingeschworen. Professionalität und journalistische Ethik wurden zweitrangig.
> Beispiellose Dinge, die akzeptierten journalistischen Standards widersprechen, tauchten im *RIA Nowosti*-Feed auf. Zum Beispiel begannen als Experten solche aufzutauchen, die entweder keinen Grund dazu hatten oder als Experten dafür bezahlt wurden. Auf RT gibt es auch jetzt eine Reihe von Leuten, die von Übertragung zu Übertragung streifen. Jedes Mal werden sie anders bezeichnet, mal als Journalist, dann als Analyst, Experte, Schriftsteller. Tatsächlich sind sie weder das erste noch das zweite noch das dritte. Es mag ein Mann sein, der Minnesota noch nie in seinem Leben verlassen hat und in einer örtlichen Kneipe singt, aber sein *Alter Ego* ist ein Experte für Geopolitik. Als solcher spricht er heute über Russland und diskutiert, wie man den Planeten „in Ordnung bringt".[20]

In seinem Blog *Lapschesnimalotschnaja* nennt Aleksej Kowalew mehrere Beispiele sogenannter Experten, deren widersprüchlichen Ruf er offenlegt. Zum Beispiel: die Geschichte von Scott Bennett, der in den russischen Medien als „pensionierter Offizier der US-Armee" und „Experte im Kampf gegen den Terrorismus" bezeichnet wird und Kommentare in folgendem Stil gibt:

„Putin ist das Beste, was Russland in den letzten hundert Jahren passiert ist" und so weiter.
Kowalew konstatiert:

> In Wirklichkeit ist Bennett kein Veteran, geschweige denn ein Experte im Kampf gegen den Terrorismus, sondern ein Betrüger mit einer reichen Vor-

---

[20] https://birdinflight.com/ru/media-2/aleksej-kovalyov-esli-rossiyanin-nachnyot-zadumyvatsya-chto-proisxodit-emu-budet-proshhe-utopitsya.html

stellungskraft. Im Jahr 2011 wurde Bennett zu drei Jahren Gefängnis verurteilt, weil er sich erfolgreich als Stabsoffizier ausgab und sogar ein Gehalt und eine Wohnung auf einer Militärbasis in Florida erhielt. Schließlich wurde Bennett betrunken und mit einem Koffer voller Waffen am Kontrollpunkt festgenommen. Der Richter, der das Urteil verkündete, sagte, Bennett „verstehe offensichtlich nicht den Unterschied zwischen der Wahrheit und seinen eigenen Erfindungen, an die er glaubt." Bennett erhielt drei Jahre und 2014 kam er heraus und trat sofort bei Sputnik und Russia Today als „Experte für Terrorismusbekämpfung" auf.[21]

Ähnlich ist es mit Alexander Mercouris, einem „Anwalt, Experten für internationales Recht", und vielen Experten aus den USA, Polen, der Ukraine und anderen Ländern, mit denen Russland versucht, Ereignisse zu beleuchten, um daraus politischen Nutzen und Wählergunst für die Führung des Kremls zu gewinnen.

Russlands Agitprop hat gelernt, indem es das Nachrichtenchaos nutzt, die außergewöhnlich überinformierte Gesellschaft, die gerade lernt, in neuen Informationsrealitäten zu leben, mit Medienströmen zu manipulieren. Dadurch ist es möglich, den Informationsraum nicht nur des eigenen Landes, sondern auch einer Reihe anderer Personen, die Teil des Interessenpools sind, rund um die Uhr zu manipulieren, wobei man den Anschein der höchsten journalistischen Standards beibehält.

Die Institution sogenannter Experten macht es der Agitprop des Kremls möglich, Informationslücken zu füllen, Akzente richtig zu setzen und Ereignisse, die bereits stattgefunden haben, in die richtige Richtung zu kommentieren. Und wenn Diskreditierung vor einem Angriff ein Werkzeug ist, das bestimmten Aktionen vorausgeht, so konzentrieren sich die Experten-Kommentatoren normalerweise auf die Bedürfnisse des Auftraggebers, wenn sie bereits eingetretene Ereignisse präsentieren.

---

[21] https://noodleremover.news/rutv-crooks-53d90c88411a #. d05gad84k

Manipulationen in Aktion. Ein Beispiel aus Deutschland. Fake-Nachrichten – das „Mädchen Lisa" als Beispiel hybrider Kriegsführung

Russische Manipulationen und Tatsachenverfälschungen sind nicht nur gegen die ukrainische Bevölkerung, die besetzten Gebiete Abchasien, Südossetien, Transnistrien, Krim, Donbass, sondern auch gegen die Russen selbst zu einer typischen Waffe des Kremls geworden. Indem der Kreml die Ukraine dämonisiert, sie als „faschistisches Land", ihre Führung als *Junta* und Patrioten und Freiwillige als Bataillone von *Punishern* darstellt, rechtfertigt er seine Invasion in fremde Gebiete, militärische Aggressionen und Milliardenausgaben für den Krieg.

Betrachten Sie den Fall des „in Deutschland vergewaltigten russischen Mädchens Lisa", erzählt von Außenminister Sergej Lawrow, dessen Geschichte von den prorussischen Medien aufgegriffen wurde. Sie spielte sich nicht ab auf dem Gebiet des sogenannten russischen Einflusses. Die Geschichte hat ihre eigenen Propagandaaufgaben und gehört zu den Manipulationsmitteln in der hybriden Kriegsführung. Sie erweitert die Schutzgeographie der *Russischen Welt* über ihren klassischen Rahmen hinaus und gefährdet die Informationssicherheit Deutschlands.

Eine Zusammenfassung der Geschichte finden sich in der einst liberalen Onlinezeitung Lenta.ru.

> Die Geschichte eines 13-jährigen Berliner Mädchens, das von Migranten entführt und vergewaltigt wurde, ist seit mehreren Tagen auf den Titelseiten einheimischer Zeitungen und Fernsehsender. Die russische Diaspora – bei der betroffenen Familie, handelt es sich um Einwanderer aus Russland – fordert bei Kundgebungen, die Täter zu finden und zu bestrafen, und beschuldigt die Polizei, Mörder und Vergewaltiger vertuscht zu haben. Die deutsche Polizei behauptet, das Mädchen sei nicht entführt oder vergewaltigt worden, und die deutschen Medien werfen den russischen Kollegen vor, einen Propagandakrieg zu führen und Hass zu schüren.[22]

Die russische Onlinezeitung *Meduza*, im Oktober 2014 in Lettland gegründet, nachdem das Kreativteam nicht in der Lage war, an der

---

[22] https://lenta.ru/articles/2016/01/20/girl/

ABSCHNITT II: PROPAGANDA 73

oben genannten Website *Lenta* weiterzuarbeiten, betrachtet die Geschichte objektiver und fügt Versionen verschiedener Seiten hinzu.

Version der Berliner Staatsanwaltschaft
Die 13-jährige Lisa hatte Probleme beim Lernen. Als ihre Eltern zur Schule einbestellt wurden, besuchte das Mädchen ihren 19-jährige Freund (einen Deutschen türkischer Abstammung) und blieb über Nacht. Als sie nach Hause zurückkehrte, kam sie auf die Geschichte mit der Vergewaltigung, um ihre Abwesenheit zu erklären, so die Staatsanwaltschaft.
Die Identität des jungen Mannes, bei dem Lisa blieb, wurde durch Untersuchen der Nachrichten auf dem Mobiltelefon des Mädchens festgestellt. Bei ihm zu Hause wurden persönliche Gegenstände des Mädchens gefunden. Während des Verhörs berichteten der junge Mann und seine Mutter, dass Lisa sie am 11. Januar gebeten habe, bei ihnen übernachten zu dürfen.
Lisas Freund ist Zeuge in dem Fall, da es in der Staatsanwaltschaft keine Beweise dafür gibt, dass in der Nacht vom 11. auf den 12. Januar sexuelle Handlungen an dem Mädchen begangen wurden. Die Version der Vergewaltigung wurde nach einer ärztlichen Untersuchung zurückgewiesen: Es gab keine Verletzungen am Körper, die der Geschichte der Vergewaltigung entsprechen würden. Lisas Telefon war zerbrochen, das Mädchen hatte blaue Flecken, bestätigt die Staatsanwaltschaft; die Untersuchung konnte jedoch nicht beweisen, dass irgendjemand anderes sie verletzt hatte.
Die deutschen Behörden suchen nach zwei weiteren Einwanderern aus der Türkei, mit denen die Mädchen möglicherweise bis zum Tag ihres Verschwindens sexuelle Beziehungen hatte. Die Männer, mit denen Lisa seit mehreren Monaten in Kontakt steht, werden verdächtigt, das Kind sexuell missbraucht zu haben. Nach deutschem Recht beträgt das Einwilligungsalter 14 Jahre bei Kontakten mit einem Partner unter 18 Jahren, 16 Jahre für Kontakte mit Partnern über 18 Jahren. Selbst wenn der Geschlechtsverkehr im gegenseitigen Einvernehmen stattgefunden hat, werden diese Vorfälle als Straftat untersucht.

Version der Eltern
Letzte Woche gab die Mutter des Mädchens, Swetlana F., Journalisten zum ersten Mal ein Interview (zuvor erzählten ihre Tante, ihr Onkel und ihre Cousine von Lisas Geschichte). Ihr zufolge wurde das Mädchen am 25. Januar zur psychiatrischen Behandlung in ein Krankenhaus gebracht, weil es ihr „sehr schlecht" ging.
Swetlana F. erklärte, sie sei immer noch davon überzeugt, dass ihre Tochter entführt und vergewaltigt worden sei. Laut ihrer Tochter wurde dies von Leuten gemacht, die kein Deutsch sprachen. Die Frau sagte, dass das Mädchen nach 30 Stunden Abwesenheit halbnackt und ohne persönliche Gegenstände nach Hause gekommen sei. Der Teenager trug nur einen BH, eine Hose, Schuhe und eine Jacke. Ihr Rucksack, die Handtasche und der Ring waren verschwunden. „Sie weinte, hatte ein zerkratztes Gesicht, blutige Lippen und einen blauen Fleck von einem Schlag auf die Nase", sagte Lisas Mutter.

Am nächsten Tag nach der ärztlichen Untersuchung wurde Lisa von der Polizei zur Vernehmung eingeladen, aber ihre Mutter durfte bei dem Interview nicht anwesend sein, obwohl sie darum gebeten hatte (das Revier behauptet, dass Swetlana F. die Erlaubnis zum Verhör gegeben habe). Die Polizei sagte, dass Lisa während des Verhörs in ihrer Aussage sich verhedderte, schließlich aber gestand, dass es keine Vergewaltigung gab und dass sie bis zum 11. Januar im gegenseitigen Einvernehmen Kontakt mit zwei Männern hatte.

Reaktion
Die Geschichte der 13-jährigen Lisa wurde bereits von hochrangigen russischen und deutschen Politikern kommentiert. Der russische Außenminister Sergej Lawrow erklärte, „das Mädchen sei definitiv 30 Stunden lang nicht freiwillig verschwunden" und beschuldigte die deutschen Behörden, versucht zu haben, die Probleme mit Migranten „politisch zu korrigieren".[23]

Reaktion der deutschen Medien
Martin Steltner, Vertreter der Staatsanwaltschaft der Stadt Berlin. Ihm zufolge wurden während der 30 Stunden der Abwesenheit des Mädchens „weder Vergewaltigungen noch sexuelle Handlungen begangen". Steltner fügte hinzu, dass alle Umstände dieser Geschichte auf der Grundlage von Lisas Handy geklärt wurden.[24]

Die offizielle Reaktion Deutschlands
Bundesaußenminister Frank-Walter Steinmeier reagierte ungewöhnlich scharf auf seinen russischen Amtskollegen Sergej Lawrow in Bezug auf den „Fall des russischsprachigen Mädchens Lisa" und beschuldigte ihn, sich in die inneren Angelegenheiten der Bundesrepublik einzumischen. „Es gibt keinen Grund und keine Rechtfertigung, diesen Fall für politische Propaganda zu nutzen, um auf die ohnehin schwierige innerdeutsche Migrationsdebatte Einfluss zu nehmen und sie anzuheizen", sagte der deutsche Außenminister am Mittwoch, dem 27. Januar, in Berlin.
Nach Angaben des Ministers unternehmen die deutschen Behörden alles, um herauszufinden, was passiert ist. „Ich kann den russischen Behörden nur raten, sich auf den Stand der Ermittlungen in diesem Fall zu beziehen", sagte der deutsche Außenminister.
Das Außenministerium der Bundesrepublik werde dem russischen Botschafter in Berlin am Mittwoch alle Informationen zur Verfügung stellen, die er brauche, schloss Steinmeier, ohne auf Details einzugehen.[25]

---

[23] https://meduza.io/feature/2016/02/02/iznasilovannaya-russkaya-devochka-prodolzhenie

[24] http://www.dw.com/ru/прокутура-дело-девочки-лизы-из-бер-лина-откр ыто/a-19011517

[25] http://www.dw.com/ru/мид-фрг-жестко-ответил-лаврову-по-де- лу-о-девочке-лизе / a-19008001

Zusammenfassend scheint es zwei parallele Geschichten zu geben: eine in Deutschland für Europäer und den Rest der zivilisierten Welt, die andere eine Version für Russland, die *Russische Welt*, russische Auswanderer, die russische Bevölkerung. Am interessantesten ist, dass jeder bei seiner Meinung bleibt.

Interessant ist, dass diese Geschichte nicht auf dem Territorium der ehemaligen Sowjetunion stattgefunden hat, diese Geschichte ist fast aus dem Herzen der Europäischen Union. Das heißt, sie kann in jedem EU-Land eingesetzt werden, aber es stellt sich die Frage: Wird jedes dieser Länder einem solchen Informationsdruck standhalten können, wie es Deutschland getan hat? Nun stellen Sie sich aber vor, dass die Reaktion der Welt auf eines dieser Länder dieselbe sein wird wie die Reaktion auf den Krieg in Georgien, der als Saakaschwilis Provokation, interne „Streitigkeiten" und „Einflusszone des Kremls" bezeichnet wurde. Niemand spricht heute über den Krieg mit Georgien, er wurde durch die Besetzung des Donbass und die Annexion der Krim überschattet. Das heißt, wir stehen vor dem Problem ungelöster Fragen bei der Bekämpfung der russischen Propaganda, wenn dem Kreml frühere Verbrechen vergeben werden, er aber in den Medien ständig neue Szenarien spielt.

Niemand möchte sich mit den von der russischen Propaganda aufgeworfenen Problemen beschäftigen (geschweige denn sie lösen), jeder denkt, dass sie ihn nicht betreffen werden. Die meisten Bürger europäischer Länder achten entweder nicht angemessen auf Informationen und militärische Bedrohungen aus Putins Russland oder halten sie für unwesentlich.

Die Geschichte des „Mädchens Lisa" erzeugte in Deutschland und Europa insgesamt viel Lärm.[26] Aber es gibt fast jeden Tag zwei bis drei solcher Geschichten in der Ukraine, und das Land muss sie

---

[26] Vgl. https://de.wikipedia.org/wiki/Fall_Lisa und den entsprechende russische Wikipedia-Artikel. Im Juni 2017 wurde gegen einen der Tatverdächtigen vom Amtsgericht Berlin-Tiergarten eine Bewährungsstrafe verhängt. Die Berichterstattung über den Fall im Januar und Februar 2014 sollte vermutlich auch die Aufmerksamkeit des deutschen (Teil-)Publikums von den Ereignissen in der Ukraine ablenken. (Anm. d. Übers.)

bekämpfen, ohne die einflussreichen Weltmedien und die Möglichkeit zu haben, mit den Manifestationen der russischen hybriden Aggression auf seinem Territorium einen scharfen Schnitt zu machen.

Politische Shows

„Sonntagabend mit Wladimir Solowjow", „Norkins Liste", „Politik", „Die Zeit wird es zeigen" und Dutzende anderer klingender pathetischer Namen – all dies sind abendliche politische Shows, Informationsprodukte des Kremls, die dem Durchschnittsbürger „die reale Bedeutung der Ereignisse" erklären sollen, um eine parallele Realität für ihn zu schaffen und das Vertrauen in den „Zaren", Russland und sein eigenes Recht zu stärken. Für Millionen von Russen ist das Format der politischen Show ein Ersatz für die Fernsehserie, den Austausch mit Freunden und sogar ihre eigene Analyse aktueller politischer Ereignisse geworden. Im Grunde wurden sie für viele ihre eigenen Augen, die unbestreitbare Wahrheit und eine wunderbare Unterhaltung. Gerade politische Seifenopern gewannen eine sehr wichtige Bedeutung, um die Botschaften zu interpretieren und das Bild der Weltanschauung zu justieren. Hier geht es vor allem darum, die richtigen Emotionen zu erzeugen und den patriotischen patriarchalischen Geist zu stützen, der einerseits Putins innenpolitische Position stärkt und anderseits alle seine Gräueltaten im Ausland rechtfertigt.

In Russland gibt es Medien und Journalisten, die als Helden ihres Berufs bezeichnet werden können und wirklich versuchen, unvoreingenommen und professionell zu sein. Aber ihr Publikum ist künstlich begrenzt. Stattdessen ist ein Millionenpublikum in den Händen von *Ostankino*[27] und des Kremls, von Politikern, Polittechnologen, Manipulatoren und Propagandisten, keineswegs aber in den Händen ehrlicher Journalisten. Man muss sagen, dass das Regime, wie wir es heute kennen, ohne dies nicht existieren könnte. Genau deshalb hat das Regime es gelernt, die Meinung der Bevölkerung sehr geschickt zu manipulieren, damit es ihm gut geht und um sich an der Macht zu halten.

Klar, dass es in Russland seit langem das Format politischer Shows gibt, die eine Imitation eines politischen Wettbewerbs schaffen und fast immer regierungsnahe Kandidaten bevorzugt. Das

---

[27] Der Moskauer Fernsehturm symbolisiert hier das staatliche Fernsehen. (Anm. d. Übers.)

überraschte niemanden und niemand stellte die Legitimität solcher Shows in Frage.

Dieses Format erreichte jedoch seinen Höhepunkt im russischen Medienraum, als Russland 2014 die ukrainische Krim annektierte und einige Monate später die Ostukraine besetzte. Politische Shows sind nun sehr beliebt geworden. Schließlich war es notwendig, der Bevölkerung Botschaften und Meinungen zu übermitteln, die insbesondere in den Zeitungsspalten nur schwer durch gewöhnliche Nachrichten zu vermitteln waren. Es war notwendig, Emotionen zu erzeugen, den Fehler des „Führers" zu rechtfertigen, Fakten für Streitigkeiten mit ukrainischen Verwandten und verantwortungsbewussten russischen Bürgern zu liefern.

> Die beliebteste Spielart von Zusammenstößen in den letzten zwei Jahren hat die stärksten Ausbrüche verursacht: „Wir sind Europa, ihr aber seid sowjetische Waty" gegen „Wir sind das siegreiche Volk, und ihr seid undankbare Verräter und Kinder von Kollaborateuren". Dieser Streit ist insofern besonders bemerkenswert, als er absolut ungelöst ist und relevant bleiben wird, bis die Großmutter aus Nischnewartowsk und der Großvater aus Lwiw in einem Holy war im Himmel zusammenkommen", sagte ein anonymer russischer Journalist in einem Interview mit Radio „Swoboda".

Themen werden so gewählt, dass auf jeden Fall die Position „Gegen Putin" schwach und unwahr ist, während Sieger stets die Position „Russland – immer groß und mächtig" oder „Ukraine – undankbare Nachkommen der Sowjetunion, die vergeblich an die Tür der EU klopften" ist.

Die Auswahl der Schablonen gegen die Ukraine kann bereits als Klassiker bezeichnet werden, obwohl sie nicht immer existierte und sich je nach historischer Periode der Beziehungen zwischen den beiden Staaten sehr oft änderte. Aber in den Jahren, als die Ukraine beschloss, endgültig mit der Sowjetunion zu brechen, änderten sich die Thesen und kristallisierten sich heraus. Die Kreml-Sprecher erhielten nach der Annexion der Krim, die sie zu rechtfertigen hatten, und der Besetzung von Donbass eine Portion zusätzlicher Argumente zu ihren Gunsten, wo sie die terroristischen Morde bestritten und gleichzeitig alles Russische im besetzten ukrainischen Gebiet verherrlichten. Alle Bestrebungen der Ukraine nach Integration in Europa wurden verspottet, verleumdet und in Frage gestellt.

Das russische Fernsehen und insbesondere politische Shows liefern keine klassischen Informationen. Ihr einziges Ziel ist es, auf der Ebene der Emotionen zu vermitteln, wer Recht hat und wer nicht.

Der Hauptzweck solcher Medienprodukte ist die parallele informelle und kontextuelle Unterstützung von militärischen Interventionen. Und insbesondere als klar wurde, dass die Invasion falsch war, wurde Propaganda zum Hauptinstrument, um die eigene Bevölkerung, die erhebliche wirtschaftliche Verluste erlitten hat, von der Innenpolitik abzulenken.

Olesja Jachno ist ukrainische Politikwissenschaftlerin und häufiger Gast bei solchen Shows, bei denen sie sich der russischen Propaganda widersetzt und versucht, die staatlichen und nationalen Interessen der ukrainischen Seite zu verteidigen.

In Bezug auf technische Details zählt sie interessante Fakten aus ihrer Erfahrung der Teilnahme auf:

- die politischen Shows des Kremls haben ein Drehbuch, aber sie zeigen es den ukrainischen Experten nicht;
- es gibt die Praxis der Voraufzeichnung, wo die Experten gebeten werden, ihre Position zu formulieren, um die Ansichten des Experten zu bestimmten Themen zu einzuordnen, häufig sogar nach der Aufzeichnung der Show, um die nächsten Veranstaltungen zu planen;
- es gibt die Rolle des Opfers der Show – eine Person befindet sich in der rechtsextremen Position, wenn ihre Meinung vom russischen Publikum nicht akzeptiert wird;
- die russische Seite bringt den Sprecher zum Schweigen, unterbricht oder provoziert das Publikum zu unangemessenem Verhalten;
- Diskreditierung des Sprechers – ukrainische Politikwissenschaftler werden häufig aufgrund der Handlungen spezifischer ukrainischer Journalisten, Politiker oder sogar Kollegen, die einst vor Ort in der Ukraine gearbeitet haben, diskreditiert;
- Drehbuchautoren spielen eine besondere Rolle. Das Wichtigste ist, alles so zu schreiben, dass das Programm beliebt ist, was manchmal sogar wichtiger ist als bestimmte Einschränkungen von Content, das Rating aber ist nicht für einen Werbetreibenden, sondern es ist ein Wettbewerb um eine politische Nische und um Geld, das für Politik ausgegeben wird;
- Projekte ohne Rating können beendet werden, dann erscheinen aber sofort neue;
- in fast jeder Show auf russischer Seite gibt es eine „Hauptfigur" (Schirinowskij oder jemand anderen, der den führenden Politikern nahesteht), die den Ton und den Stil der Show bestimmt;

- Gastgeber solcher Shows stellen normalerweise provokative Fragen, verwenden manipulative und zweifelhafte Aussagen wie: „der sogenannte Präsident der Ukraine" oder „Russland als das stärkste Land", aber ihre Hauptaufgabe als Moderatoren ist es, den ukrainischen Sprechern nicht das Wort zu geben.

Die Loyalität der Moderatoren wird sowohl finanziell als auch politisch sehr großzügig bezahlt. Hier als Beispiel können wir die Show „Politik mit Pjotr Tolstoj" auf dem *Ersten Kanal* nennen. Sein Gastgeber, Pjotr Tolstoj, gewann eine Vorwahl der Partei *Einiges Russland*, was es unmöglich macht, von seiner Objektivität und Unparteilichkeit zu sprechen. Gleichzeitig haben viele Gäste, darunter auch derzeitige russische Politiker, Angst, das Klischee eines Propagandisten zu bekommen, weil es zu Sanktionen gegen sie führen kann.

Olesja zufolge wollten viele der führenden und bekannten Akteure politischer Shows, die sogenannten VIP-Sprecher, schon lange aus dem „Propagandazug" aussteigen, weil dieser Unbehagen, moralische Müdigkeit und möglichen internationale Probleme im Gefolge hat. Niemand, der das Spiel spielte, hätte gedacht, dass es so lange dauern würde. Es ist doch klar, dass nur wenige wirklich an die Propagandanachrichten glauben. Im Allgemeinen sieht dies jeder als Rollenspiel und Einkommensquelle an. Andererseits erholen sie sich in den Vereinigten Staaten und in Europa, die ihre Hauptfeinde zu sein scheinen. Dies ist es, was die ukrainische Politikwissenschaftlerin als Hauptvorteil und Grund für den Verlust ihrer Position ansieht – sie glauben nicht daran und sind nicht von dem Thema durchdrungen, sondern machen dort bloß Geld. Für viele ukrainische Sprecher hingegen ist es eine Frage der Ehre, des Patriotismus und der Verteidigung ihres Landes.

Der Faktor ausländischer Sprecher bei politischen Shows des Kremls ist sehr professionell und effizient konzipiert, wenn etwa ein Pole die Russische Föderation warnt, dass der Donbass für sie nur Spaziergang und Anfang sei, wenn ein Holländer gegen das Abkommen mit der Ukraine agitiert oder sogar Ukrainer selbst (laut Pass) lauthals schreien, dass „Bandera-Leute", *Junta* und „Faschisten" die Ukraine okkupiert haben. Das Bild für den Betrachter ist einfach, klar und zu 100% überzeugend. Wir haben bereits die

Rolle und Merkmale von Experten erwähnt. Ich kann einfach sagen, dass sich Redner, Politikwissenschaftler und Experten für politische Shows nicht von denen unterscheiden, die aktuelle politische Ereignisse für Nachrichten kommentieren. Das heißt, es wird der nationale, nicht der Expertenfaktor verwendet, wie es eigentlich sein sollte.

Gleichzeitig ist Olesja Jachno überzeugt, dass das Bestreben, die europäische Gesellschaft durch Propaganda zu überzeugen, nicht funktioniert habe. Andererseits muss man einige Fälle von Abstimmung lokaler Parlamente und der Aufhebung von Sanktionen zur Kenntnis nehmen, sie sind aber mehr von der Motivation diktiert, ihr eigenes Business zufriedenzustellen.

Besonderes Augenmerk sollte auf ukrainische politische Emigranten gelegt werden, die nach dem Sturz des Janukowytsch-Regimes in die Russische Föderation geflohen sind. Wie sich später herausstellte, sind einige der sogenannten Ukrainer dem Pass nach Russen, und sie werden niemals in die Ukraine zurückkehren. Im Allgemeinen haben sie die ihnen zugeschobene Aufgabe erfüllt oder sie ist fehlgeschlagen, es besteht jedoch keine Möglichkeit, fortzufahren und zurückzukehren. Einige von ihnen haben keinen russischen Pass, sind aber dem Kreml nicht weniger loyal, während sie es sich genehmigen, in Europa oder in warmen Ländern mit Stränden zu leben. Aber sie sind eher loyale Geschäftsleute und korrupte Menschen. Die Politiker zum Beispiel hoffen immer noch, in die ukrainische Politik zurückzukehren, und schaffen sich so ein Image, indem sie an den von uns erwähnten Fernsehsendungen teilnehmen.

Eine weitere Gruppe von emigrierten Politikern versteht, dass die ukrainische Politik ihnen nicht mehr blüht, weil sie sich aber im Medienpool befinden, wollen sie sich politisch erneuern können, zumindest im besetzten Donbass oder auf der Krim, da das Medienfeld der beiden Gebiete jetzt von russischen Medien geformt wird.

Es gibt jedoch eine Gruppe, die echten Hass gegen die Ukrainer empfindet, weil sie während der Präsidentschaft Janukowytschs und der Loyalität gegenüber dem Kreml in der Ukraine luxuriös lebten und nach ihrer Flucht nach Russland einen Großteil ihres Eigentums verloren haben.

Internet. Welche Rolle spielten soziale Netzwerke bei den Ereignissen von 2014–2016 in der Ukraine und in Russland?

Fernsehen ist die wichtigste Propagandaquelle des Kremls unter Putin, mächtig, unumstritten und ohne Alternative. Und selbst das Internet und die sozialen Netzwerke, die auf der Welt eine beispiellose Popularität erlangt haben, konnten keine Konkurrenz bieten zum Fernsehen in Russland und zur russischen Aggression in der Ukraine.

Es ist jedoch unmöglich, die Bedeutung der sozialen Netzwerke für die Innenpolitik des Kremls in Russland selbst sowie für die Informations- und Militärkampagnen im Ausland zu leugnen.

Der Verkauf des sozialen Netzwerks *VKontakte* schien zunächst sehr seltsam, da sein Gründer, ein junger IT-Spezialist aus St. Petersburg, Pawel Durow, nicht vorhatte, sein erfolgreiches Geschäft zu aufzugeben. Er leitete doch das Unternehmen und hatte das Vertrauen der Anleger, die ihm bei der Hauptversammlung sofort 52% der Aktien zubilligten.

Auf den ersten Blick schien alles in Ordnung zu sein, aber das Problem war, dass der Gründer des sozialen Netzwerks, Pawel Durow, während der Revolution der Würde in der Ukraine auf Anfrage die Anfrage des FSB keine Gruppen ukrainischer demokratischer Aktivisten auf seiner Website blockiert hat und Kontakte sowie personenbezogene Daten von Nutzern, für die sich die Geheimdienste interessierten (insbesondere Kontakte von Mitgliedern des Euromajdan), nicht herausgab.

Darüber hinaus erinnerte sich der Kreml daran, dass Durow während der Proteste in Moskau den Behörden gegenüber politisch nicht loyal war, als er auch aufgefordert wurde, Gruppen zu schließen und Benutzer zu verraten. Der Kreml konnte keine Einigung mit ihm erzielen und beschloss, *VKontakte* zu kaufen, um auf die Zensur und die Manipulation weiter Einfluss nehmen zu können.

Der genaue Wert des Geschäfts wird nicht bekannt gegeben, aber laut Presse reicht er von mehreren hundert Millionen Dollar bis zu einer halben Milliarde Dollar. Viele werden sagen, dass sich das nicht lohnt, es wäre einfacher, die Seite zu schließen und die ganze Geschichte zu vergessen. Auf Anordnung des Präsidenten der Russischen Föderation können soziale Netzwerke jedoch nicht durch die Schließung von *VKontakte* oder *Odnoklassniki* aus dem Leben junger Menschen geworfen werden. Sie migrieren dann alle zu *Facebook* und *Instagram*. Für die russischen Behörden und Sonderdienste wäre es unmöglich, sie zu moderieren. Aus diesem Grund wurde nach Informationen der Presse die Entscheidung getroffen, das soziale Netzwerk durch einen Fonds zu kaufen, der dem Kreml nahesteht und ihm loyal ist.

Die volle Finanzkontrolle und das loyale Management gaben Putins Leuten und den Geheimdiensten freie Hand, die sozialen Netzwerke zu ihrem Vorteil zu nutzen, ohne befürchten zu müssen, dass die notwendigen Gruppen von der Administration wegen Aggressivität blockiert werden könnten, und umgekehrt, um selbst Gruppen zu schließen oder unerwünschte Benutzer zu blockieren. Aber die Internet-Technologen haben sich nicht darauf beschränkt, sondern ihrem Hauptauftraggeber viele verschiedene Informationsdienste angeboten.[28]

Blockierung von Benutzern auf Facebook und Suche nach separatistischen Aufständischen über soziale Netzwerke

Die Politisierung sozialer Netzwerke ist ein weltweit verbreitetes Phänomen, da soziale Medien ein sehr praktisches Instrument für den politischen Dialog, die Diskussion, die PR und die Förderung von Informationskampagnen sind. Benutzer in sozialen Netzwerken fühlen sich entspannter und sind weniger zurückhaltend als

---

[28] *VKontakte* wechselte Anfang 2012 seinen Namen in vk.com und hatte am 28. März 2012 ein Büro in Kyjiw eröffnet. Ab dem 16. Mai 2017 wurde vk.com in der Ukraine blockiert, das Verbot wurde am 14 Mai 2020 durch den ukrainischen Präsidenten erneut bestätigt. (Anm. d. Übers.)

beispielsweise beim Ansehen von Nachrichten oder politischer Werbung. Denn sie versuchen, dort kognitive, unterhaltsame Inhalte zu finden oder einfach ihre Zeit totzuschlagen. Hier machten weder die Ukraine noch Russland die Ausnahme. Sowohl dort als auch in unserem Land werden Social-Media-Plattformen verwendet, um die notwendigen politischen Botschaften zu vermitteln, Ereignisse zu bewerten und politischen Lärm zu erzeugen.

Wenn die russische politische Elite *Twitter* und ihr eigenes *Vkontakte*-Netzwerk hauptsächlich für die öffentliche Internetkommunikation nutzt, so ist in der Ukraine *Facebook* nach wie vor die wichtigste Diskussionsplattform. Auf ihr informieren ukrainische Meinungsführer, darunter Blogger, Minister, Parlamentarier und Armeeangehörige sowie Freiwillige die Öffentlichkeit über Einzelheiten der Arbeit, Insiderdinge, aktuelle Nachrichten und Aspekte interessanter politischer Intrigen und Skandale. Die Popularität der meisten von ihnen ist hoch, da es möglicherweise Hunderttausende von Followern gibt, was in der Ukraine ein recht gutes Ergebnis ist. Darüber hinaus ist es bereits ein gefiltertes Publikum, das von Interesse an Politik, aktiver bürgerlicher Position, dem Wunsch, positive Veränderungen im Staat herbeizuführen und Aggressionen zu bekämpfen, geprägt ist.

Der Einfluss von Meinungsführern ist erheblich, insbesondere angesichts der Tatsache, dass Social-Media-Konten nicht nur Veröffentlichungen an ihr Kernpublikum weitergeben, sondern auch im Internet, in den Medien, im Fernsehen und im Radio an Beliebtheit gewinnen und zu einer Nachrichtenquelle für die oben genannten Medien werden. Daher kann sich das Publikum hunderte Male erweitern. Wenn ein Beitrag auf einem der nationalen Kanäle gezeigt wird und sich auf den Bericht eines Politikers oder öffentlichen Aktivisten bezieht, wächst das Publikum von einigen hunderttausend automatisch auf fünf bis zehn Millionen.

Aktivität und politischer Einfluss auf *Facebook* wurden aber nicht nur von ukrainischen Nutzern bemerkt. Während der Informationskampagnen wurden viele bekannte Internetaktivisten blockiert. Sie konnten mit ihrem Publikum nicht kommunizieren.

Normalerweise sind an der Blockierung ukrainischer bekannter Akteure die Kontoinhaber selbst schuld. Denn sehr oft halten sie

ABSCHNITT II: PROPAGANDA 85

sich nicht in Rhetorik und Äußerungen zurück, obwohl man sie verstehen kann. Es ist zu schwer, höflich zu sein und die *Facebook*-Regeln zu befolgen, wenn in deinem Land Menschen getötet werden.

Blockierung geschieht normalerweise sehr prosaisch und einfach: Spezielle Software durchsucht die Seite des Kandidaten für eine Blockierung und dann sucht man manuell oder automatisch nach Wörtern, die durch die *Facebook*-Richtlinie verboten sind: ethnische, rassistische und religiöse Bilder, nichtliterarische oder obszöne Formulierungen, äußerst emotionale Aussagen. Anschließend werden viele Beschwerden von verschiedenen Konten an *Facebook* gesendet. Dies führt schließlich zur Blockierung.

Technisch sieht alles sauber und korrekt aus. Und in Bezug auf globale oder regionale *Facebook*-Statistiken ist dies nicht wahrnehmbar. Aus politischer Sicht sind die Statistiken in der Ukraine jedoch beeindruckend: Bekannte Blogger, Politiker, öffentliche Aktivisten, Menschenrechtsaktivisten und Volontäre verschwinden aus dem *Facebook*-Raum, für eine Woche, für einen Monat, was unter den Bedingungen des intensiven und dynamischen Informationsfeldes wie eine Katastrophe aussieht.

Das Problem kam so ins Gerede, dass es zum Thema von Pressemitteilungen wurde und Richtlinien „Wie man nicht der Blockierung zum Opfer fällt" erstellt wurden. Ukrainische hochrangige Beamte haben *Facebook* sogar gebeten, einzugreifen oder noch besser ein Büro in der Ukraine zu eröffnen, welches die Blockierung von Posts moderieren könnte. Denn diese Moderation wurde von einer Person mit russischer Staatsbürgerschaft durchgeführt, zu deren Verantwortungsbereich auch die Ukraine gehörte.[29] Dies alarmierte wirklich viele Ukrainer wegen der russischen militärischen und informellen Aggression.[30]

---

[29] Erst seit Mai 2019 gibt es mit Kateryna Kruk eine ukrainische Verantwortliche für den Facebook-Raum, die in Warschau sitzend zugleich auch für den Raum Moldau, Georgien, Albanien und die Länder des ehemaligen Jugoslawiens zuständig ist. Sie hatte zuvor unter anderem in der ukrainischen Regierung und im ukrainischen Parlament sowie bei StopFake mitgearbeitet. 2014 wurde sie mit dem Atlantic Council's Freedom Award ausgezeichnet. (Anm. d. Übers.)
[30] https://www.youtube.com/watch?v=WHNYqKYhPjc&feature=yout u.be.

Die diplomatische und technische Antwort des Vorstandsvorsitzenden des sozialen Netzwerks Mark Zuckerberg auf Anfragen aus der Ukraine befriedigte weder Politiker noch blockierte Blogger, weil sie das Problem selbst nicht sofort löste. Also begannen sie nach Auswegen zu suchen, indem sie ihre Kultur, Posts zu machen, änderten und begannen, alte Veröffentlichungen durchzusehen und zu löschen, für die man ein „Verbot" erhalten konnte, und die Kommentare von „Bots" und „Trollen" blockierten, durch deren Kommentare man ebenfalls blockiert werden konnte. Methodisches Durcharbeiten mag helfen, löste das Problem aber auch nicht.[31]

Die Arbeit der sozialen Netzwerke zur Behandlung von Beschwerden über das Blockieren könnte effizienter und zielgerichteter sein. Denn manchmal stellt sich heraus, dass Beschwerden über das Vorhandensein von Fotos von nackten Körperteilen auf der Benutzerseite nicht der Realität entsprechen, aber der Benutzer wird blockiert. Es braucht Zeit, um die Fakten zu überprüfen und freizuschalten. Der Benutzer kann keine Nachrichten veröffentlichen, sodass taktisch der Bot und sein Auftraggeber gewinnen.

Soziale Netzwerke sind zu einer wichtigen Plattform im Informationskrieg geworden, auf der Politiker auf *Twitter* wichtige, sensationelle Aussagen machen, bekannte Personen ihre Meinung zu Ereignissen äußern und Benutzer auf all dies reagieren können. Aber sie breiteten sich so weit aus, dass Propagandisten sich für mögliche Manipulationen zu interessieren begannen, für Blockierungen und Suche nach ihren eigenen Lösungen, um die Bevölkerung sowohl in Russland als auch in der Ukraine in friedlichen und okkupierten Gebieten zu beeinflussen. Aus diesem Grund müssen die neuen Medien dem Umfeld und den Aktivitäten gesellschaftlich bekannter Menschen ebenso besondere Aufmerksamkeit widmen wie der Möglichkeit, der Bevölkerung des Landes einen Informationsschlag zuzufügen, der zu einer Destabilisierung der politischen Situation führen kann.

---

[31] http://www.pravda.com.ua/news/2015/05/15/7067949/

Jurij Karin ist einer der Koordinatoren des NGO-Projekts „Informations-Widerstand", das sich mit Gegenmaßnahmen im Informationsbereich gegen äußere Bedrohungen befasst, die sich für die Ukraine in den Bereichen Militär, Wirtschaft und Energie sowie im Bereich der Informationssicherheit ergeben.[32] Er erzählte über eine sehr interessante Tatsache: „Fast alle großen Gruppen vom ‚Anti-Majdan' in der Ostukraine nach der Revolution der Würde wurden mit Beginn der russischen Aggression auf der Krim und im Donbass in Gruppen umklassifiziert, um Separatisten und Söldner zu mobilisieren."

Sehr oft wurde auch die Anzahl der Likes auf den Seiten auf technische Weise angekurbelt, um der Mehrheit der Benutzer zu suggerieren, dass sie nicht die einzigen sind, die beispielsweise an der Besetzung der Bezirksverwaltung oder der SBU-Abteilung beteiligt sind. Und das hatte seine Wirkung und sein Ergebnis, weil ein Teil der Menschen zögerte, die Massenaktion im Internet aber Vertrauen in kollektive Verantwortungslosigkeit und breite Unterstützung gab, selbst wenn keine vorlag. Das heißt, soziale Netzwerke wurden nicht nur für Zombies, Propaganda und Informationsmanipulation genutzt, sondern auch als HR-Quelle, um Aufständische, Separatisten und Aktivisten für Maßnahmen gegen die Staatlichkeit zu rekrutieren.

Fakes und Bots

Nachdem ein typischer User von Internet und sozialen Netzwerken etwas gegen die russische Aggression auf der Krim, gegen Putin oder den Krieg in der Ostukraine geschrieben hat, fällt auf ihn von seinen Netzkollegen eine Welle der Negativität ein: Es heißt dann, es gebe Millionen von Beweisen für das Gegenteil, alles Gesagte sei falsch, nur eine subjektive Meinung des Autors. Aus diesem Grund verliert der Autor selbst den Wunsch, weiter zu kommentieren, oder nimmt aufgrund fehlender Gegenargumente sogar die Position desjenigen ein, der ihn kritisiert.

---

[32] Die englische Version der Seite findet sich unter https://en.sprotyv.info/ (Anm. d. Übers.)

Manchmal versucht der Autor des Kommentars sogar die Auseinandersetzung und stößt dann auf eine Flut von Emotionen, persönlichen Beleidigungen und Aufforderungen, sich zu entschuldigen. Leider empfinden die meisten Menschen dies als eine reale und natürliche Reaktion des Umfeldes, die ihre Aktivität bei den Äußerungen einschränken kann.

Wie Millionen von Ukrainern spüre ich ständig die Arbeit von Fake-Accounts und Bots und von zwei Fronten gleichzeitig. Die erste ist die ukrainische Politik. Wenn ich meine Kolumnen in den Online-Medien veröffentliche oder kritische Beiträge in sozialen Medien gegen die Regierung oder die Opposition schreibe, bekomme ich oft eine gehörige Portion Kritik an mir als Politikwissenschaftler, politischem Kommentator und sehr oft als Person. Leider muss akzeptiert werden, dass ukrainische hochrangige Beamte, Spitzenpolitiker, Oligarchen oder vielmehr Teams ihrer Publizisten und Werbetreibenden angesichts des Angreifers aus irgendeinem Grund versuchen, feindliche Methoden zu verwenden, wobei sie oft vergessen, auf welcher Seite wir alle weiterkämpfen. Interessant ist noch eines: Für einige angeblich prowestliche Politiker in der Ukraine werden von russischen Spezialisten Fake-Seiten und Bot-Dienste unterhalten.[33]

Die zweite Aufmerksamkeitsfront seitens der Bots ist natürlich die russische. Zum Beispiel erhalten Experten nach der nächsten Ausgabe der Fernsehsendungen „Bürgerwehr" oder „Anti-Zombies", die Einzelheiten über russische Lügen, Gräueltaten in der Ostukraine und die Isoliertheit der russischen Regierung von ihrer Bevölkerung enthüllt, viele Bedrohungen in persönlichen Nachrichten von Fremden. Die Benutzer russischer sozialer Netzwerke sind besonders aktiv und äußern viele Beleidigungen, Drohungen und Appelle.

Die Wirksamkeit solcher Arbeit ist äußerst gering, da niemand auf diese Weise überzeugt werden kann. Für die Organisatoren dieser Art von Geschäft spielt Effizienz jedoch keine Rolle. Schließlich legen sie Rechenschaftsberichte für die nächste Tranche von Geld nicht in Form eines Publikums, von Experten, Meinungsführern

---

[33] http://www.radiosvoboda.org/content/article/27042051.html

oder Journalisten vor, die überzeugt wurden, sondern nur durch Screenshots der Anzahl der gesendeten Nachrichten.

In der Regel arbeiten Teams solcher Technologen in russischen Provinzstädten, in denen die Unterhaltskosten für den Auftraggeber erheblich gesenkt werden, was äußerst wichtig ist, da sich die Projekte als langfristig herausstellten.

Sehr oft praktizieren prorussische Propagandisten die Erstellung angeblicher Konten ukrainischer Benutzer, die extrem radikal sind, aggressive Ansichten zum Ausdruck bringen und zur Gewalt aufrufen. Mit der Zeit erlangen diese bereits informelle Unterstützung und werden dann in den offiziellen russischen Medien wegen Faschismus, Nationalsozialismus und Anstiftung zum Hass kritisiert. Sehr oft handelt es sich allerdings um nichtreale, erfundene Accounts, die von Russland aus moderiert werden.

Es macht keinen Sinn, Beispiele von Bots und angeheuerten Kommentatoren zu zeigen, da ihre Arbeit normalerweise schlecht bezahlt und von miserabler Qualität ist, man kann sie leicht entlarven. Der Content enthält viele Wiederholungen und grobe Propaganda für eine bestimmte Seite. Sie erfüllen allerdings zumindest eine Aufgabe, den Wunsch verantwortungsbewusster gebildeter Bürger zurückzudrängen, ihre Ansichten in den sozialen Medien zu äußern, Kommentare zu schreiben oder ihre Ansichten zu verteidigen. Sie schaffen in den sozialen Medien eine Atmosphäre des Hasses und der Angst.

Leider haben ukrainische Politiker auch die negativen Erfahrungen des Einsatzes von Bot-Armeen übernommen. Das ist nicht wirklich überraschend, da ein solches Instrument in vielen Ländern häufig zur Mäßigung des innenpolitischen Umfelds eingesetzt wird, darunter in Russland, Belarus, China, Nordkorea, in einer Reihe arabischer Länder sowie in Deutschland, hier jedoch nicht von Deutschen mit eigenen Interessen, sondern sehr häufig von unbekannten Nutzern im Interesse Russlands und Putins.

SMS als Alternative zu Flugblattpropaganda

Während des Ersten und Zweiten Weltkriegs, während des Vietnamkrieges und sogar während des Irak-Feldzugs war es eine sehr beliebte Methode, Flugblätter auf Städte abgeworfen, um in feindlichen Gebieten Panik auszulösen. Die Flugblätter wurden als Werkzeug für Propaganda, Anwerbung, Manipulation, Kapitulation usw. verwendet. In der Geschichte der Kriege gab es viele Fälle, in denen Flugblätter, die aus einem Flugzeug oder Ballon fallen gelassen wurden, eine größere Wirkung verübt haben als Bomben, die abgeworfen wurden.

Es scheint, dass telefonische Nachrichten, besser bekannt als SMS (Short Service Message), aufgrund der Entwicklung verschiedener Anwendungen in Telefonen, Messenger-Diensten und sozialen Netzwerken der Vergangenheit angehören. Niemand hätte sich vorstellen können, dass die übliche Textnachricht im 20. Jahrhundert zu einem Werkzeug der militärischen Propaganda und Einschüchterung werden könnte. Wie die Geschichte und Analyse von Kampfhandlungen zeigen, spielt das Werkzeug zur Übermittlung der Botschaft sehr oft keine Rolle, da die Informationen, die übermittelt werden müssen, wichtiger sind.

Die Analyse der Aktivitäten kremlfreundlicher Propagandisten im besetzten Gebiet von Donbass zeigt, dass die SMS-Propaganda ihre beispiellose Blütezeit erreicht und die Streuung von Flugblättern von Flugzeugen über feindlichem Gebiet ersetzt hat. SMS-Spam erhielt neue Bedeutungen, Formen und Ausprägungen. Ukrainische Soldaten, Freiwillige und Zivilisten der Frontzone empfingen während der Zeit der terroristischen Aggression SMS-Nachrichten mit Drohungen, Appellen und Manipulationen. Ihre Hauptaufgabe bestand darin, die Situation zu destabilisieren, den Organen der ukrainischen Regierung zu misstrauen, auf die prorussische Seite zu wechseln, zu sabotieren, Zweifel an der Richtigkeit der Verteidigung der besetzten Gebiete zu schüren und vor allem den Kampfgeist der ukrainischen Verteidiger zu untergraben.

Nach Angaben der Teilnehmer an den Kampfhandlungen kamen die SMS nicht ständig und nicht spontan. Es wurden Zeiten gewählt, wenn das Wetter schlecht war, nach harten Kämpfen, wenn die Unzufriedenheit mit der politischen Situation in der Ukraine anstieg, um die Welle des Verrats zu verstärken, um die Soldaten und die lokale Bevölkerung möglichst umfassend zu demoralisieren.

Die schwache Informationspolitik der Ukraine und sehr oft fehlende Nachrichten über die Frontzone waren die Haupttrumpfkarten prorussischer Propagandisten, die versuchten, die ukrainischen Bürger aus allen möglichen Kanälen unter Druck zu setzen. SMS-Spam kam von zufälligen Telefonnummern, die oft einmal verwendet und dann entsorgt wurden. Solche Mailings wurden mit Hilfe spezieller Geräte durchgeführt, die Nachrichten an aktive Teilnehmer in einem bestimmten Empfangsbereich sendeten.

Der Effekt war relativ, während der manipulative SMS-Spam beim Militär nur Lachen hervorrief, so konnte er bei einem Teil der Zivilbevölkerung, der keine objektiven Informationen erhielt und von der Propaganda russischer Fernsehsender beeinflusst war, prorussische Gedanken nähren.

Diese Technologie ist alles andere als neu, sie hat gerade ein aktualisiertes Format erhalten. Wie Heorhij Potschepzow in seinem Buch „Moderne Informationskriege"[34] schreibt, stiegen während des Ersten Weltkriegs täglich etwa 2.000 Luftballons mit Propaganda-Flugblättern in die Luft. Dies ermöglichte es, etwa zwei Millionen Flugblätter in einer solchen Angriffswelle zu verteilen. Im Oktober 1918 wurden auf deutschem Gebiet etwa fünf Millionen Flugblätter abgeworfen. Und dies ist nicht der einzige moderne Krieg, in dem Papierbotschaften verwendet wurden, um andere einzuschüchtern oder aber den eigenen Patriotismus zu schüren.

Vietnam-, Tschetschenien- und Golfkrieg erlebten einen Einfluss der Massenmedien, die Anzahl und Qualität der Flugblätter nahm weiter zu. Spezialisten für Reklame, PR und Psychologie waren an ihrer Entwicklung beteiligt, was außerordentlich effektiv auf die Masse der Bevölkerung wirkte.

Daher kann die Verwendung von SMS-Mailings durch prorussische Aufständische nicht als Innovation angesehen werden, ebenso wenig wie der Rest der Aktivitäten, da die meisten Entwicklungen Erbe der Sowjetunion waren, einige von ihnen wurden bloß modifiziert, um den Bedürfnissen der Zeit gerecht zu werden.

---

[34] H. Počepčov, Informacionnye vojny. Osnovy voenno-kommunikativnych issledovanij. Moskva 1999. 2015. (Anm. d. Übers.)

Das Problem mit den Mobilfunkbetreibern

Während des Konflikts wurde nicht nur das Problem der Möglichkeit aufgeworfen, per SMS die Bevölkerung einzuschüchtern oder den Kampfgeist zu untergraben, sondern es gab auch weitreichende Probleme bei der Mobilkommunikation und mit dem Fehlen eines zuverlässigen Mobilfunkbetreibers.

Die Ukraine war weder im militärischen Sinne noch im Hinblick auf den Schutz der Kommunikation und der Kommunikationskanäle auf die Besetzung ihrer Gebiete und feindliche Angriffe vorbereitet. Freiwilligenbataillone, die nicht wahllos von den Behörden oder militärischen Einsatzbüros organisiert wurden, sondern von aktiven jungen Männern auf der Plattform des Patriotismus und mit dem Wunsch, ihren Staat zu verteidigen, wurden eine klare Bestätigung dafür. In den frühen Stadien nutzten sie ungeschützte Mobilfunk-Verbindungen.

Dies lag daran, dass die Hauptakteure, fast Monopolisten des Marktes für mobile Technologien, russische Unternehmen waren und sind, also Aktiva des Aggressorlandes. Natürlich haben sich die Strukturen und Eigentumsformen aufgrund von Offshore- und Trustinstrumenten geändert, die schwer als russisch zu bezeichnen sind. Letztendliche Nutznießer sind jedoch immer noch die vom Kreml abhängigen Oligarchen, die im Austausch gegen Vergünstigungen bereit sind, auch in kritischen Momenten wie Krieg oder Okkupation eines Territoriums mitzuspielen.

Diese Sachlage bewies, dass Russland lange vor dem Konflikt an Kommunikationskanälen in der Ukraine interessiert war, weshalb es Anteile von Mobilfunkbetreibern von ukrainischen und norwegischen Eigentümern kaufte. Diskreditiert aufgrund der Herkunft ihrer Aktionäre, planten die Betreiber allerdings nicht, den ukrainischen Markt zu verlassen, sie änderten ihre Namen, nahmen ein Rebranding vor und verwischen die Spuren in den Eigentümerstrukturen.[35]

---

[35] Die Spuren etwa der Mobilfunkanbieter können über die Wikipedia-Übersicht der ehemaligen Anbieter recherchiert werden, https://uk.wikipedia.org/w/ Колишні мобільні оператори України (Anm. d. Übers.)

Die Ukraine hat sogar ein spezielles Gesetz verabschiedet, das die Nutzung der Mobilkommunikation in der ATO-Zone für militärische Zwecke verbietet. Die oberste militärische und politische Führung verstand, dass ungeschützte Kommunikation möglicherweise die größte tödliche Ursache für Verluste sein könnte, da niemand die Respektierung der Privatsphäre und Zuverlässigkeit seitens der russischen Betreiber garantieren konnte. Dies war eigentlich die Grundlage für die Annahme des Gesetzes.

Abschnitt III: Widerstand

In den vorangegangenen Kapiteln des Buches ging es um das russische Imperium, seine Methoden der Informationsmanipulation, Propaganda und Versuche, seinen nächsten Nachbarn zu erobern oder der Welt den Mythos der Supermacht und erneuerter globaler Bedeutung Moskaus aufzudrängen. In diesem Abschnitt möchte ich nun über die Bürger sprechen, über die Leistung gewöhnlicher Ukrainer, die in einem kritischen Moment nach Wegen suchten, ihr Land zu retten und zu schützen.

Heute sind sich fast alle Ukrainer einig, dass der Gewinn im Kampf gegen prorussische Terroristen in einer reformierten, modernisierten und autarken Ukraine besteht. Das ist das beste Instrument für die Rückkehr von Menschen und besetzten Gebieten. Schließlich kann nichts besser motivieren, als das Gefühl, zu einer großen und mächtigen Gemeinschaft zu gehören, besonders wenn es *Dein* Land ist.

Leider tun unsere Politiker alles, um ein solches Szenario zu verhindern. Ich meine die hochrangigen ukrainischen Politiker. Extreme Korruption und der Wunsch nach Profit behindern sehr oft die nationalen Interessen und die erfolgreiche Entwicklung unseres Staates. Leider waren schwache politische Eliten immer die „Achillesferse" der Ukraine.

Gleichzeitig möchte ich nicht die Aufmerksamkeit auf die politische Klasse lenken, wie sie einst vom ehemaligen Ministerpräsidenten Arsenij Jazenjuk genannt wurde. Gewöhnlichen Menschen, Ukrainern, Volontären, Freiwilligen, Armeeangehörigen und Journalisten, auf deren Schultern die gesamte Last der Situation liegt, verdanken wir unsere Siege. Leider wird die Zeit kommen, wo die Heldentaten der meisten von ihnen vergessen sein werden, und diejenigen, die in den Büros blieben und im Ausland an den Stränden lagen, werden sich als Sieger und Friedenstruppen ausgeben und erzählen, wie sie für den Frieden gekämpft haben, wie sie gegen Krieg und Blutvergießen waren und mit ihrem ganzen Wesen für das Wohl der Ukraine gestritten haben. Aber seien wir ehrlich: Frieden ist unmöglich ohne eine starke Position und eine starke

Verteidigung des Landes, das von einem Nachbarn angegriffen wurde. Sonst würde dieser Frieden Versklavung, Okkupation und Gefangenschaft bedeuten.

Beginnen wir damit, dass man den Ukrainern immer wieder den Mythos aufgebunden hat, sie seien nicht imstande, einer möglichen militärischen Aggression Russlands zu widerstehen. Es gab häufig Sätze, dass unser Verteidigungssystem veraltet sei, wir in wenigen Stunden okkupiert werden könnten, dass wir eine Waffenproduktion hätten, aber so arm und elend sei, dass wir es uns nicht leisten könnten, sie zu benutzen. Und überhaupt seien wir nicht in der Lage, unabhängig zu existieren. Solche Botschaften verschärften sich in einer Situation, in der die Russen die politischen Eliten der Ukraine kontrollierten, die nach dem Zusammenbruch der Sowjetunion einfach nicht unabhängig werden konnten.

So ergab sich eine reichlich paradoxe Situation, als die Bevölkerung bereits unabhängig geworden war von russischen Mythen und von Moskauer Gefangenschaft, die Regierung dies aber noch nicht geschafft hatte. Hochrangige Beamte, Politiker, Armeeangehörige und Geheimdienstbeamte blieben weiterhin abhängig von Moskau, das viele als Hauptstadt bezeichneten, und gingen dorthin zu Einstellungsgesprächen, um Karriere zu machen. Viele waren schlichtweg unverhüllte russische Agenten, von denen viele nach dem Zusammenbruch der Sowjetunion hierblieben. Viele von ihnen waren nicht nur russischer Herkunft, sondern auch russischer Staatsbürgerschaft. Ein ähnliches System gibt es noch in Belarus.

Dies war aus mehreren Gründen möglich, die wichtigsten davon aber sind die Korruptheit der nationalen Eliten, die Abhängigkeit der Wirtschaft von russischen Energieressourcen und das Versäumnis, die Beamten rechtzeitig zu lustrieren. Es ist auch möglich, die Erpressung durch die prorussische Bevölkerung in den Gebieten fast aller ehemaligen Sowjetrepubliken hervorzuheben, die einst das gesamte Gebiet der Union geschickt besiedelte und die sie jetzt durch kremlfreundliche Medien und ideologische Projekte nach Art der *Russischen Welt*, „Nostalgie für die UdSSR" und eine Reihe von künstlich geschaffenen, aber professionell gestalteten Mythen manipulieren.

Die Praxis zeigt jedoch etwas anderes. Die Bürger besiegten das Imperium. Anstatt die Ukraine in wenigen Minuten einzunehmen, gelang es Putin, nur wenige Bezirke der Gebiete Donezk und Luhansk zu besetzen. So erhielt der Angreifer, der nur eine Reaktion der zerfallenen Armee einer abwesenden „bürokratischen Klasse", über die Malofejew in seiner Strategiestudie schrieb, erwartete, die Antwort der Zivilgesellschaft und der patriotischen Bürger. Die Ukrainer kümmerten sich nicht um politische Spiele und stellten sich nicht die gesamte geopolitische Situation vor Augen. Sie zogen los, ihr Land zu befreien und zu verteidigen. Das erwartete niemand, weder ukrainische noch russische Politiker noch Terroristen samt Separatisten. Der Instinkt der Selbsterhaltung des Staates und der Nation, die genetische Reaktion auf die Offensive des Feindes, die jetzige historische Erfahrung wirkten. Das funktionierte aber nicht bei der politischen Klasse, der Finanzelite und den Beamten, sondern bei gewöhnlichen Ukrainern, die nicht per Charterflug ins Ausland geflohen waren, keine Offshore-Konten hatten, sich nicht rückversicherten und versuchten, mit den Aufständischen zu verhandeln. Unter Politikern und Oligarchen gab es allerdings auch Menschen mit einer klaren proukrainischen Position. Dies stärkte die Welle des Patriotismus und förderte den Glauben an die Richtigkeit für das eigene Land zu kämpfen.

Alle Maßnahmen zur Bekämpfung der Kreml-Aggression müssen asymmetrisch sein. Das heißt, man kann nicht der russischen Armee eine ähnlich starke Armee entgegensetzen. Erstens kostet das zig Milliarden Dollar, und zweitens wird die Russische Föderation sofort mit der Erpressung mit Atomwaffen beginnen. Propaganda im Fernsehen mit eigener Propaganda zu bekämpfen, ist ebenso unmöglich wie es sinnlos ist, die nationalen Eliten anderer Menschen zu kaufen, um Loyalität für die eigene Politik zu gewinnen.

Die Reaktion auf den Kreml muss effektiver und unerwarteter sein, zum Beispiel ein Freiwilligennetzwerk, das gegründet wurde, um Freiwilligenbataillone zu unterstützen, oder die Freiwilligenbataillone selbst, die als Alternative zur nicht kampfbereiten Armee geschaffen wurden, schließlich die Schaffung unabhängiger Medienzentren, die unabhängige Medien im Gegensatz zum regierungsnahen Pool unterstützen.

Im Folgenden nenne ich einige Fallbeispiele, die der Ukraine geholfen haben, der russischen Okkupation standzuhalten, wo sie weit weniger verloren hat, als Putin geplant hatte oder als sie hätte verlieren können. Es sei jedoch daran erinnert, dass dies keine vorgefertigten Beispiele für die Lösung irgendwelcher Situationen sind, sondern schlicht die Richtung des Denkens und die erwähnte Asymmetrie, um eine Antwort zu geben auf Aggression, Imperialismus und den Wunsch, das Territorium des Nachbarn zu erobern.

Die Antwort der Ukraine auf russische Propaganda

Russland aktiviert alle Gestalten der Kommunikation und lässt weder alte noch neue Formen aus. Von Zeitungen, Radio, Radio, Flugblättern bis hin zu Propaganda und Panikmache im Internet, Fernsehen, Verteilung kostenloser Printmedien und sogar SMS-Nachrichten – für jeden der Bereiche fanden sich neue und kreative Formen von Propaganda und Panikmache, je nach der Zielgruppe des Inhalts. Die Reaktion auf Putins Aggression auf dem Territorium der Ukraine war jedoch äußerst angemessen – ein friedlicher Protest. Die Ukrainer mochten sich nicht einschüchtern lassen. Stattdessen verbreiteten sich in der Bevölkerung spöttische Rufe über den russischen Präsidenten, er wurde lächerlich gemacht, man machte sich lustig über seine Fehler und wies hin auf seine menschlichen Schwächen. Russische Waren wurden boykottiert, Freiwilligennetzwerke und Verteidigungsbataillone wurden geschaffen, die zu wirksamen Verteidigern der ukrainischen Unabhängigkeit und territorialen Integrität wurden.

Teams russischer Propagandisten versuchten, diesen Geist durch Schreckensnachrichten, Todes-Statistiken, Minen an öffentlichen Plätzen, in Kinos, Theatern und auf Bahnhöfen zu brechen. Aber das Gefühl von Angst und Panik kam nicht auf. Das Land lebte in einem Kriegszustand, ohne die tagtägliche Arbeit, Familie und Spott über den Feind aufzugeben. Majdan-Slogans wie „Helden sterben nicht, Feinde sterben" wurden populär. Der Name eines jeden gefallenen Helden wurde verherrlicht und geehrt. Es war nicht ungewöhnlich, dass junge Männer, die nicht an die Front gingen, sondern an ihren Plätzen weiterarbeiteten, öffentliche Verpflichtungen eingingen, um den Familien der Gefallenen zu helfen. Alle verspürten eine unsichtbare, aber sehr greifbare feste Solidarität, als Hilfe und Mut tagtäglich die Menschlichkeit im Land verkörperten.

Im Folgenden berichte ich daher einzeln über verschiedene Gegenmaßnahmen gegen russische Propaganda und militärische Aggression.

Freiwilligenbataillone als eine rechtzeitige Alternative zur Armee

Das vielleicht beste Beispiel für die Bekämpfung der russischen hybriden Aggression stellten norwegische Filmemacher vor, die eine wunderbare politische, äußerst aktuelle Filmserie „Die Okkupierten" gedreht haben. In ihr vollführt die Russische Föderation eine „stille Besetzung" des friedlichen Norwegen, weil dieses den Energiemarkt revolutionieren will.[36]

Der Film hat neben künstlerischer, schauspielerischer und ästhetischer Bedeutung einen sehr hohen pädagogischen Wert. Gerade der Live-Unterricht und die Realitätsnähe von Ereignissen ermöglichen es der Bevölkerung, sich zu orientieren und mögliche Entwicklungsszenarien zu verstehen, vor allem sämtliche Details innenpolitischer Vorgänge hinter den Kulissen, die Besonderheiten einer aufständischen Untergrund-Armee, die Rolle von Journalisten, Geheimdiensten und pensionierten Offizieren.

Leider hat uns 2014, als Russland die Krim annektierte, niemand geraten, was zu tun sei, niemand Richtungshinweise gegeben. Die Führung unseres jungen demokratischen Landes hatte

---

[36] Die Serie „Occupied – Die Besatzung, deren Episoden Jo Nesbø ab 2008 schrieb, wurde ab Oktober 2013 gedreht und ab 2015 auch in Deutschland ausgestrahlt. Vgl. https://de.wikipedia.org/wiki/Occupied_%E2%80%93_Die_Besatzung. (Anm. d. Übers.)

keine vergleichbare Erfahrung. Die ukrainischen Politiker waren in Panikstimmung und konnten sich nicht entscheiden zwischen zwei Gegensätzen: ihrem persönlichen Status oder Rettung des Landes. Wie später aus dem Protokoll der Sitzung des Nationalen Sicherheitsrates bekannt wurde, welches ein Jahr nach der Annexion veröffentlicht wurde, herrschte Chaos in der politischen Führung der Ukraine, und es mangelte an Verständnis für die Situation. Es gab noch keinen vom Volk gewählten Präsidenten, der amtierende Präsident konnte nominell Entscheidungen treffen, aber natürlich nicht in vollem Umfang. Aus diesem Grund wurden Majdan-Führer, Sicherheitsbeamte und sogar Generäle im Ruhestand zum Treffen des Nationalen Sicherheits- und Verteidigungsrats eingeladen. Das Land suchte nach Lösungen. Aber wie immer werden Entscheidungen nicht in Büros, sondern auf der Straße getroffen. Tatsächlich wurde dies durch die jüngsten Ereignisse der damaligen Revolution der Würde demonstriert.

Zunächst sollte angemerkt werden, dass niemand – von den ukrainischen Bürgern bis zu den Führern der stärksten Länder der Welt – sich vorstellen konnte, dass Putin es noch wagen würde, einen Teil des Territoriums zu annektieren und der Russischen Föderation einzuverleiben. Für alle war die Situation einer „Annexion" mit Saddam Hussein verbunden, der 1991 versuchte, einen Teil von Kuwait im Stil des Machismo zu erobern. Alle waren überzeugt, dass Putin die fatalen Ausmaße einer solchen Tat verstehen würde. Wie sich herausstellte, verstand er sie nicht.

Die Ukrainer erkannten, dass sie zum Schutz der Krim keine Hilfe von außen erhalten werden. Die eigene Armee, die jahrzehntelang durch Korruption untergraben und unter der Führung der russischen Militär- und Regierungspolitik von Janukowytsch außer Gefecht gesetzt worden war, konnte die Halbinsel nicht verteidigen. Von Politikern wurde das leicht geschluckt, die Patrioten aber konnten das nicht zulassen. Deshalb begann sich in der Ukraine, als die russische terroristische Bedrohung im Donbass aufkam, eine Freiwilligenbewegung zu bilden. Die Bewegung war spontan und patriotisch, aber nicht weniger professionell und zog pensionierte Offiziere, Sportler, Fußballfans, erfolgreiche Geschäftsleute, engagierte Bürger und viele andere soziale Gruppen an, die große Ungerechtigkeit sahen und den Wunsch hatten, das Land zu verteidigen. Keiner von ihnen konnte zuvor als potenzielle Kraft zur Verteidigung des Staates angesehen werden, aber alle zusammen arbeiteten sie zuverlässig zur richtigen Zeit und wurden Freiwillige in den neu geschaffenen Bataillonen, den sogenannten *Dobrobaty*. Im Wesentlichen handelte es sich um eine Reaktion der Bevölkerung auf die Unfähigkeit der Armee, die Verteidigung zu übernehmen, war eine Schutzreaktion des Volksorganismus auf die Gefahr der Abspaltung von Gebieten. Die negativen Erfahrungen auf der Krim, als Armee und Politiker nicht richtig arbeiteten, führten dazu, dass der aktive Teil der Bevölkerung beschloss, die Kontrolle über die Situation zu übernehmen. Das Volk wurde zu einem zuverlässigen Rückhalt und zur Alternative zur Armee, es nahm den Schlag auf sich, während die erneuerte Militärführung die Armee von russischen Agenten befreite und die Basisränge der Armee effektiv machte.

In den sozialen Netzwerken, Medien und im Fernsehen vermehrten sich Chevrons bisher unbekannter Organisationen, die zu dieser Zeit die Hauptverteidiger des Heimatlandes wurden: *Asow, Donbass, Krywbas, Dnipro, Ajdar, Kyjiw, Switjas* und andere. Freiwilligenarbeit und die Suche nach Ausrüstung für Bataillone wurden weit verbreitet. Alle opferten so viel sie konnten. Einige spendeten gebrauchte Kleidung, einige Lebensmittel, einige Fahrzeuge und einige meldeten sich freiwillig, um Militärfahrzeuge zu reparieren. Die Bataillone erhielten nicht nur Unterstützung vom ukrainischen Volk, sondern auch von anderen Ländern, die Medikamente, Transportmittel, Uniformen, Gelder und so weiter spendeten.

Fast alle haben sie geholfen, von Studenten und Rentnern bis hin zu wohlhabenden Geschäftsleuten, Politikern und sogar Oligarchen, die ihr Vermögen in bestimmten Regionen schützen wollten. Wjatscheslaw Konstantinowskijs Slogan „verkaufte einen Rolls-Royce, ging an die Front" wurde megapopulär und symbolisierte Folgendes: Das Problem der territorialen Integrität ist eine Bedrohung für alle sozialen Gruppen. Die russische Propaganda dagegen argumentierte anders und sagte, dass die Reichsten fliehen würden und die Ukraine, die sie nur als Einkommensquelle zu betrachten schienen, nicht verteidigen wollten. Die Botschaft der Kremlmedien wurde widerlegt.

Die Ukraine erhielt auch große Impulse durch die aktive Beteiligung eines der reichsten Ukrainer an der Verteidigung des Landes. Am 2. März 2014 wurde per Dekret des amtsführenden Präsidenten Ihor Kolomojskyj zum Vorsitzenden der regionalen Staatsverwaltung von Dnipropetrowsk ernannt. Bei der Erfüllung seiner Hauptaufgaben als Gouverneur setzte er auch seine Aktiva erfolgreich und geschickt ein: Er nutzte einen Fernsehkanal, einen Fußballverein, eine Bank und die neu gebildeten Freiwilligenbataillone *Dnipro-1* und *Dnipro-2*, um die Region und die Ostfront zu verteidigen und dem Feind so keine Möglichkeit zu geben, eines der mächtigsten Industriegebiete der Ukraine zu erobern.

Der ursprüngliche Metallurgie-Ingenieur Kolomojskyj bot den Separatisten an, die Seiten zu wechseln, indem er Waffen und militärische Ausrüstung und Geld zur Verfügung stellte. Es waren große und für die Terroristen sehr oft undenkbare Summen. Dies war ein Schlag für die prorussischen Emissäre, die Agitation betrieben, sich für Geld den Terrororganisationen DNR und LNR anzuschließen.

Auch Politiker schlossen sich dem Befreiungskampf an. Einer der ersten war übrigens der Parlamentarier Oleh Ljaschko, der eine Million aus seinem Präsidentschaftswahlkampf an das Asow-Regiment spendete, an der Befreiung von Mariupol teilnahm und die Schaffung einer Reihe von Bataillonen initiierte.

Später wurde jedoch eine militärpolitische Entscheidung getroffen: Die Bataillone sollten Teil der Armee werden, um Spekulationen zu verhindern und das militärische Potenzial des Landes insgesamt zu stärken. Die Armee erhielt bessere Finanzierung, Logistik und Beratung von Militärinstruktoren aus Kanada, den baltischen Staaten, Polen und von einigen NATO-Mitgliedern. Die Armee wurde während der Kampfhandlungen gestärkt und reformiert, was die militärische Leistung der Ukraine erheblich optimierte.

Positive Stimmungsmache durch Informationskampagnen

Der dritte Monat der russischen Aggression in der Ukraine war vorüber, das mobilisierte Land schickte humanitäre Hilfe an die Front, Politiker betrieben Wahlkampagnen, Freiwillige schliefen einmal pro Woche in Bereitschaft und die Bürger gaben ihr Letztes, um die ukrainische Front zu unterstützen. Das seltsame Gefühl der Bedrohung im friedlichen Kyjiw gab keine Ruhe, das Land lebte in der Daueranspannung, Staatsprobleme, Krieg und Wahlen zu lösen. Die Menschen waren stolz auf ihre Kämpfer, Freiwilligen und Volontäre, in Sorge über die heldenhaften Soldaten der Streitkräfte und die gestrigen Majdan-Aktivisten, die zu dieser Zeit bereits abgehärtete Frontkämpfer waren.

Am Morgen des 21. August 2014 wurde das Land von den Nachrichten erschüttert: Ein ukrainischer junger Mann hatte den Stern auf einem Moskauer Wolkenkratzer in den Farben der ukrainischen Flagge angemalt und war erfolgreich nach Kyjiw zurückgekehrt.

Die Aktion des Roofers erschütterte den Medienraum. In der damaligen Situation wurde informeller Content außerordentlich wichtig, was laut schallende Informationsgeschehen und Medienereignisse verlangte. Ein solches Ereignis war nun die Tat des Majdan-Aktivisten und ATO-Freiwilligen, des 26-jährigen Hryhorij, besser bekannt als Mustang Wanted, der den Stern auf das Dach eines stalinistischen Wolkenkratzers auf der Kotelnitscheskaja-Uferstraße im Herzen von Moskau anmalte. 100% Sabotage im Rücken des Feindes, ein ideologischer Schlag, Hochstimmung für das ganze Land, die weitest verbreitete Nachricht im postsowjetischen Raum. Das Land ertrank in Emotionen. An diesem Tag gab es keine anderen Themen als Mustangs Leistung. Sein Stern wurde zum Symbol des Staates, von Millionen von Avataren, Timelines und Posts.

> Ich, Hryhorij (alias Mustang Wanted), Bürger der Ukraine ... ich bin es, der aus einem Impuls schlichter patriotischer Gefühle auf das Dach des Wolkenkratzers an der Kotelnitscheskaja-Uferstraße geklettert ist und den Stern in den Farben unserer ukrainischen Flagge umgefärbt hat,

schrieb der Roofer auf seiner *Facebook*-Seite.

Bei seiner Ankunft wurde er von Anhängern, Politikern, Aktivisten und gewöhnlichen Patrioten begrüßt. Minister verliehen ihm Auszeichnungen, die Kanäle gaben ihm Sendezeit und die Öffentlichkeit applaudierte ihm. So wurde Mustang, der das Land zur richtigen Zeit unterstützte, zum Star seines Landes, ein typisches Beispiel für einen Helden im hybriden Krieg. Eifrig, aufrichtig, engagiert und patriotisch. In keiner Weise egoistisch, obwohl er das Video der Malaktion für 5.000 US-Dollar an den Propagandakanal LifeNews verkaufte, was sie noch populärer machte. Das Geld aber behielt er nicht für sich, sondern spendete es dem Freiwilligenbataillon *Donbass*. Er selbst schloss sich dem *Asow*-Bataillon an und setzte seinen Dienst für das Land an einem von Putins Terroristen besetzten HotSpot fort. In Moskau selbst und in Russland im Allgemeinen verursachte Mustangs Tat Panik: Der Stern wurde in wenigen Stunden in der früheren Farbe neu gestrichen, und ein halbes Dutzend junger Menschen wurde festgenommen, die sich zu dieser Zeit in der Nähe des Gebäudes in einem Heizungskeller befanden. Außerdem wurden in Moskau Bürger mit ukrainischen Symbolen, ukrainischen Flaggen und nationalen Symbolen festgenommen. Vor allem aber wurde im August der Dichter Oleg Iljin verhaftet, weil er gekommen war, um den Tag der russischen Flagge mit einem Hut auf dem Kopf zu feiern, auf dem gelb-blau „Ukraine" stand.

Die Revolution der Würde im Jahr 2014, der Sieg unserer Kämpfer und der Widerstand gegen die russische Besetzung des Donbass gaben der Ukraine neue Helden – Volontäre, Freiwillige, Ärzte und Journalisten. Menschen, bescheiden und mutig, aufopferungsvoll und bereit zur Selbstaufopferung sowie zu alltäglichen Aktionen und Aktivitäten zur Unterstützung von ATO-Soldaten, die Spenden sammelten und Begrüßungen von den Soldaten an den Bahnhöfen organisierten, die von der Front zurückkehrten.

Zum Beispiel erstellt mein guter Freund, der Blogger Oleksandr Baraboschko, häufig verschiedene Online-Kampagnen, um Kriegsopfern zu helfen, indem er Spenden sammelt und so anderen Bürgern ein positives Beispiel gibt. Eine solche Aktivität war eine

Werbung, bei der der Blogger Herstellern ukrainischer Markenkleidungen anbot, ihre Produkte für einen Monat gegen eine Gebühr zu tragen. Er spendete das gesamte Geld, das er erhielt, an die Familie eines ukrainischen Helden, der bei der Verteidigung der Ostukraine starb. Ein anderer Fall war, als ein wenig bekannter IT-Spezialist in einem sozialen Netzwerk versprach, der Familie eines gefallenen Soldaten das Gehalt zu zahlen, den Betrag also, den jener bis zum Beginn des Krieges verdient hatte.

Oder noch ein anderer Fall war, als mein alter und guter Freund Andrij Losowyj, bereits ein bekannter Politiker, versuchte, seine Möglichkeiten offline zu nutzen: von der Anwerbung von Geschäftsleuten über die Freiwilligenarbeit bis hin zum persönlichen Sammeln und Spenden von Geldern, um nicht nur ein Fahrzeug, Kampfausrüstungen und zahlreiche Medikamente an die Front zu schicken.

Vielleicht unterscheiden sich die letzten Beispiele in der Größenordnung von dem ersten, aber sie ermutigen andere, alltägliche Dinge zu tun und den Krieg nicht nur als einmalige Leistung, sondern als permanente Sorge um das Land und die Mitbürger anzusehen.

Wie die Volontärbewegung geschaffen wurde

In dunklen Zeiten kann man helle Menschen deutlich sehen
Remarque[37]

Ein Soldat sagte, der Krieg sei zu ihm gekommen, als er den ersten Feind getötet habe. Die Wahrheit ist, dass wir Krieg nur dann sehen, wenn er beginnt, uns selbst oder unsere Lieben zu betreffen. Davor handelt es sich nur um Informationsrauschen, schlechte Nachrichten, mögliches Mitgefühl und Aktivität in halber Stärke.

Mein Freund und Klassenkamerad Oleksandr Sosowskyj äußerte den aktiven Wunsch, das Vaterland zu verteidigen, und erschien unmittelbar nach dem 10. Jahrgangstreffen der Absolventen

---

[37] Im russisch- und ukrainischsprachigen Raum kursieren zahlreiche Aphorismen des dort geschätzten Romanautors Erich Maria Remarque, die sich als Übersetzerleistungen oder Neuschöpfungen aber nicht immer im deutschen Original

an unserer Heimatschule in Wolyn im Militärregistrierungs- und Einberufungsbüro. Zuerst gab es Training, aber als Sascha an die Front kam, wurde er einer Brigade zugewiesen, die vor bestimmten materiellen Engpässen bei Militärausrüstung und Nahrungsmitteln stand.

Glücklicherweise gab es in Kyjiw immer viele Volontäre und einfach verantwortungsbewusste Bürger, die bereit waren, Soldaten in der Ostukraine zu helfen. Alles, was sie tun mussten, war auf *Facebook* zu schreiben oder bei einem Bedarf einen Freund anzurufen und sofort den erforderlichen Betrag oder die benötigte Ausrüstung zusammenzutragen. Damals herrschte eine seltsame Atmosphäre in der Stadt: eine Mischung aus Angst und Hochstimmung. Jeder wollte nützlich sein, daher schien Volontärarbeit von Natur aus einfach zu sein. Über soziale Netzwerke war es möglich, sehr schnell einen SUV für die Front oder ein paar hundert Kilogramm Lebensmittel aufzutreiben. Es gab eher Probleme mit der Lieferung an die Front als mit der Abholung in Kyjiw.

So lernte ich Serhij Lystopad kennen, einen begeisterten Volontär und scharfzüngigen *Facebook*-Schreiber, Gründer und Leiter der Stiftung *Bürger der Zukunft*. Er half selbstlos der Armee, Freiwilligen und Zivilisten. Später trafen wir seine Freunde und Kollegen: Serhij Morhunow, Oleksandr Schuljak und Natalija Meschtscherjakowa. Sehr aufrichtige und engagierte Menschen, die kennenzulernen mit Stolz auf das Land und Vertrauen in den Sieg erfüllt.

---

nachweisen lassen. So auch dieser. Vielleicht ist er angestoßen von einer Passage aus „Drei Kameraden", wo es heißt: „Nur der Unglückliche kennt das Glück. Der Glückliche ist ein Mannequin des Lebensgefühls. Er führt es nur vor; er besitzt es nicht. Licht leuchtet nicht im Licht; es leuchtet im Dunkel. Prost auf das Dunkel! Wer einmal im Gewitter gewesen ist, kann mit einer Elektrisiermaschine nichts mehr anfangen. Verflucht sei das Gewitter! Gesegnet sei unser bisschen Leben! Und weil wir es lieben, wollen wir es nicht auf Zinsen legen! Wir wollen es kaputtmachen! Trinkt Kinder! Es gibt Sterne, die jede Nacht noch leuchten, obwohl sie schon vor zehntausend Lichtjahren zerplatzt sind! Trinkt, solange es noch Zeit ist! Es lebe das Unglück! Es lebe das Dunkel!" (Anm. d. Übers. nach Hinweis von Dr. Thomas Schneider, Erich Maria Remarque-Friedenszentrum, Osnabrück)

Die aktivsten Freiwilligen-Aktionen waren: *Phoenix-Flügel, Volontärinvasion, Komme lebendig zurück, SOS Armee* und *Hilf der Front.* Volontäre wirkten Wunder und wurden zu einer zuverlässigen logistischen Ergänzung der Armee und der Freiwilligenbataillone. Sie halfen dabei, Zivilisten für Spendenaktionen und Spenden zu mobilisieren. Sie arbeiteten so selbstlos und professionell, dass dies nicht nur vom Militär und der Bevölkerung, sondern auch von Politikern wahrgenommen wurde.

Nach damaligen Untersuchungen wollten die Ukrainer, dass Volontäre in den Behörden vertreten sein sollten. Dafür gab es allerhand Anlass, weil die Volontäre in extremen Zeiten aus dem Nichts ein effektives System schufen. Kein Wunder also, dass es eine öffentliche Anfrage gab und das Vertrauen in Volontäre eines der höchsten im Land und das zweitgrößte nach der Kirche war, allen bestehenden staatlichen Institutionen klar voraus. Infolgedessen wurden viele Volontäre eingeladen, sich politischen Parteien bei Parlaments- und Kommunalwahlen anzuschließen, was zu einem politischen Trend wurde.

Allgemein kann die Volontärbewegung in der Zeit der russischen Aggression als eine der epochalen Seiten unserer Geschichte angesehen werden, da Tausende engagierter Bürger der Ukraine die Freiwilligenbataillone unterstützten. Sie sammelten Geld, trieben die benötigte Munition, Fahrzeuge, Waffen und Lebensmittel auf. Die Effizienz der Arbeit der ukrainischen Volontäre war beeindruckend. Diese Leute konnten schnell die notwendige Ausrüstung in Übersee finden, Spenden sammeln, eine kostenlose Lieferung mit den Fluggesellschaften aushandeln und alles innerhalb weniger Stunden an die Front transportieren.

Die Arbeit der Volontäre war keine emotionale Erruption, die nach einer Woche, einem Monat oder einem Jahr endete. Die meisten von ihnen arbeiten seit zwei Jahren, einige traten als Auftragnehmer in die Armee ein oder setzten ihre Aktivitäten in gemeinnützigen Stiftungen fort. Das Kontingent der Volontäre war sehr vielfältig und reichte von Büroangestellten, Bankangestellten, hochbezahlten Anwälten bis zu Aktivisten verschiedener Parteien, NGOs und einfach engagierten Menschen.

Im Allgemeinen konnten die Volontäre mehrere hundert Millionen Hrywen für die Armee sammeln und effektiv nutzen und über jede gesammelte und ausgegebene Hrywnja berichten. Dies wurde nicht nur zu einer echten Hilfe für das Militär und die Freiwilligen im Bereich der Antiterroroperation (ATO), sondern es gab auch den Regierungsbehörden ein Beispiel dafür, wie Ressourcen effizient eingesetzt werden können. In der Folge beeinflusste dies die Reform des staatlichen Beschaffungssystems und die Bildung eines neuen Werteparadigmas, in dem das Militär selbst versuchte, führend zu sein.

Wenn wir das Bild des aktiven ukrainischen Volontärs verallgemeinern, so ist er grundsätzlich eine erfolgreiche Person mit Berufserfahrung, oft hochbezahlt, mit Hochschulbildung (manchmal sogar im Ausland), mit dem aktiven Wunsch zu helfen und nützlich zu sein.

In der Ukraine als einem Teil der UdSSR gab es keine Tradition der Volontärarbeit, denn die „Subbotniki" beispielsweise kann man schwerlich Volontärarbeit nennen, weil sie meist gewaltsam zu den Samstagseinsätzen getrieben wurden. Und selbst Versuche in den letzten Jahren, eine starke Volontärbewegung zu schaffen, sind gescheitert. Auch wenn die Ereignisse des Jahres 2014 tragisch waren, so wurden Volontäre und *Dobrobaty* nun zu einer neuen Errungenschaft der Nation. Niemand hätte sich eine so große Anzahl engagierter Bürger vorstellen können, bis die ukrainische Bevölkerung sie dringend benötigte. Zum Glück für letztere erwiesen sich solche Menschen als echte Helden, denn nichts konnte die Nation so vereinen wie der Kampf gegen einen gemeinsamen Feind. Wir können sogar sagen, dass die Volontärarbeit Teil des Phänomens „Freiwilligenbewegung" war, weil es gerade die Volontäre waren, die am aktivsten zur Materialausstattung und Unterstützung der ukrainischen Armee beigetragen haben.

Im Prozess der Bekämpfung wurde deutlich, dass Volontärarbeit nicht nur finanzielle Unterstützung ist, sondern vor allem mühevolle Arbeit. Immerhin haben viele Volontäre ihre Arbeit dafür aufgegeben, um Hilfe in die Zone der Kampfhandlungen zu bringen, gingen als Freiwillige an die Front, als Sanitäter, und um mit den Schmugglern dort zu kämpfen. Gleichzeitig gab es Volontärarbeit im Bereich der Informationen, des Hacking und bei der Erstellung ganzer Projekte, die bei Gegensteuerung gegen die Informationen des Feindes helfen.

Hacker und kostenlose Informationsplattformen

Die Ukraine ist ein Land, das reich an IT-Fachleuten ist, die nicht nur in den weltweit größten Unternehmen wie Google, *Facebook*, Uber arbeiten, sondern auch eigene Projekte auf WhatsApp usw. erstellen. Im Allgemeinen ist die Wettbewerbsfähigkeit der ukrainischen IT-Spezialisten weltweit hoch. Und vor allem kann man ihnen nicht fehlenden Patriotismus nachsagen. Sie engagieren sich nicht nur freiwillig in Hacker-Gruppen, sondern spenden auch oft viel Geld an die Armee, helfen den Familien der Getöteten und helfen finanziell bei der Behandlung verwundeter Soldaten.

Falcons Flame, Trinity und RUH8, die in einer Cyber-Allianz vereint sind, und einige andere Gruppen engagierter Aktivisten sind aktiv an der Bekämpfung der russischen Propaganda und militärischen Aggression beteiligt und organisieren gelegentlich Aktionen, um feindliche Informationsressourcen zu hacken, die Präsenz russischer Truppen nachzuweisen und ihre kriminellen Aktivitäten, insbesondere die der Spezialeinheiten, im besetzten Gebiet der Ukraine aufzudecken. IT-Spezialisten machten die Anträge von Aufständischen öffentlich, die sich auf den Websites der nicht anerkannten terroristischen Republiken beworben hatten. Oder sie hackten zum Beispiel die Seite des vielleicht wichtigsten Sprachrohrs russischer Propaganda, des *Ersten Kanals*. Anschließend wurden die Daten des Personals und der aktivsten Propagandisten übermittelt.

Das Ministerium für Informationspolitik der Ukraine, besser bekannt als *Minstets*, schuf eigene Informationstruppen, an die zu Beginn der Arbeit viele Fragen gestellt wurden. Dies war zum einen auf die Identität des Ministers zurückzuführen, der dem Präsidenten durch seine privaten Bindungen und jahrelange Arbeit in seinem Fernsehkanal nahestand, und zum anderen auf die Tatsache, dass die Gesellschaft einige Zweifel an der Arbeitsweise seiner Informationstruppe hatte. Als der Informationtrubel jedoch nachließ, nahmen sie ihren Platz ein in der Gegensteuerung gegen die Informationen Russlands. Sie decken jetzt Fälschungen auf, widerlegen Manipulationen und übersetzen Mediennachrichten. Sie aber als Leader des ukrainischen Cyberspace zu bezeichnen, ist allerdings auch schwierig.[38]

Wie die Praxis zeigt, sind soziale Netzwerke und Volontärverbände aufgrund von Motivation, modernem Management, mangelnder Routine und Hierarchie effizienter und effektiver als staatliche Stellen. Die Ergebnisse solcher Aktivitäten werden in den Medien und sozialen Netzwerken effektiver verbreitet und erhalten von der internationalen Gemeinschaft und der lokalen Bevölkerung bessere Unterstützung.

Gleichzeitig gibt es verschiedene Möglichkeiten für Interaktion und Zusammenarbeit, wenn nicht nur Cyberaktivisten, sondern auch Ehrenamtliche mit dem Staat oder Bürgerinitiativ-Fonds zusammenarbeiten können. Das wird in Zukunft Früchte tragen. Als eines dieser Projekte kann das *Ukraine Crisis Media Center* bezeichnet werden, das im März 2014 durch gemeinsame Anstrengungen internationaler Experten, Journalisten, der Mediengemeinschaft und der *International Renaissance Foundation*, die erhebliche Unterstützung leistete, gegründet wurde. Die Organisatoren selbst schreiben auf der Website des Zentrums: „Die Aufgabe des Zentrums ist es, der Weltgemeinschaft objektive Informationen über Ereignisse in der Ukraine, Herausforderungen und Bedrohungen für die nationale Sicherheit, über den Bereich von Armee, Wirtschaft, Energie und humanitäre Lage zu liefern." Die Organisatoren der Informationsplattform bieten Medien aus der ganzen Welt rund um die Uhr Zugang und Möglichkeiten, um objektive Kenntnisse über Ereignisse in der Ukraine zu erhalten oder sie zu beleuchten.[39]

Für die Bekämpfung der Propaganda ist die Verfügbarkeit freier Medien und der Zugang zu diesen Medien nicht nur für

---

[38] http://i-army.org/category/antifake/
[39] http://uacrisis.org/ru/about

hochrangige Beamte, Geschäftsleute oder Staatsoberhäupter, sondern auch für normale Menschen, von denen jeder möglicherweise eine Medienperson, ein Nachrichtenmacher oder ein Augenzeuge von Ereignissen werden könnte, von entscheidender Bedeutung. Denn in Zeiten des Krieges oder der Revolution hat im Strudel der Ereignisse jedermann unglaubliche Aussichten, Zugang zu exklusiven Informationen zu erhalten. Daher sollte die Berichterstattung über diese Art von Ereignissen in der Tat so einfach, unvoreingenommen und offen wie möglich sein. Aus diesem Grund tauchte das *Ukraine Crisis Media Center* auf, das von den ersten Tagen der revolutionären Ereignisse an einen besonderen Platz im ukrainischen Medienumfeld einnahm und zu einer Plattform für Pressekonferenzen, einem Ort für Verlautbarungen und Medienaktivitäten wurde. Während des Krieges fanden hier Briefings und tägliche Berichte über den Lagestand, die Handlungen des Feindes und die Aktivitäten der ukrainischen Armee statt.

OSINt und Bürger-Journalismus

OSINt – Open Source Intelligence – ist Aufklärung anhand von öffentlich zugänglichen Quellen. Eine der Geheimdienstdisziplinen, ermöglicht sie die Suche, Auswahl und Sammlung von Informationen aus öffentlich zugänglichen Quellen sowie deren Analyse. In der Geheimdienst-community bezieht sich der Begriff „offen" auf die öffentliche Verfügbarkeit der Quelle (im Gegensatz zu geheimen Quellen und Quellen mit eingeschränktem Nutzungszugang) und nicht auf das Konzept von *open source* oder *public intelligence*.

Nach Äußerungen Sherman Kents, eines CIA-Analysten, die 1947 veröffentlicht wurden, erhalten Politiker bis zu 80% der Informationen, die sie benötigen, um in Friedenszeiten Entscheidungen zu treffen, aus öffentlich zugänglichen Quellen. Später bemerkte der frühere Leiter der Geheimdienstabteilung des US-Verteidigungsministeriums (1976–1977), Generalleutnant Samuel Wilson, dass „90% der Aufklärungsdaten aus öffentlich zugänglichen Quellen stammen und nur 10 % aus der Arbeit der Agentur".

Seit Beginn des ukrainisch-russischen Krieges haben mehrere Volontärgruppen begonnen, nach der OSINt-Methode zu arbeiten.

Insbesondere die InformNapalm-Website und das „Friedensstifter"-Zentrum *Myrotworez* haben erhebliche Fortschritte erzielt, indem sie diese Informationen bei ihren Operationen aktiv genutzt und eine Datenbank prorussischer Terroristen gefüllt haben.[40]

Das Prinzip von OSINt ist eine äußerst wichtige und gleichzeitig einfache Methode, um die notwendigen Informationen zu erhalten, was für die Gegensteuerung in einem hybriden Krieg sehr wichtig ist. Was OSINt am meisten benötigt, sind *human resources*, und dieser Weg kann zu unerwartet erfolgreichen Ergebnissen führen. Öffentliche Aufklärung kann sowohl von jungen Volontären mit hohen Internetkenntnissen als auch von erfahrenen Soldaten im Ruhestand durchgeführt werden, die durch die erworbene militärische Erfahrung dabei unterstützt werden, ein Ergebnis zu erzielen.

Ich habe mich zum ersten Mal mit den Aktivitäten von OSINt befasst, als ich mich auf einen Besuch in Moskau im Jahr 2015 im Fernsehsender vorbereitete, um an einer kremlfreundlichen politischen Show teilzunehmen. Damals bemerkte ich, dass auf Websites der Volontäre, die öffentliche Aufklärung betreiben und Beweise für russische Aggressionen auf dem Territorium der Ukraine sammeln, eine außerordentlich große Menge notwendiger Informationen verfügbar ist. Ich beschloss also, die Informationen von ihnen zu verwenden, um so viele Daten wie möglich für eine würdige Teilnahme an der Fernseh-Show zu sammeln, möglichen Informationsangriffen entgegenzuwirken und einfach meine proukrainische Position zu verteidigen.

Ich habe das Beste aus den Daten der OSINt-Websites *InformNapalm* und *Myrotworez* gemacht, auf denen Inhalte aus sozialen Netzwerken, Daten elektronischer Landkarten und Fotos russischer Soldaten in der Ukraine gesammelt und veröffentlicht wurden.

Die Bandenformationen posteten Selfies vor dem Hintergrund russischer Panzer im besetzten Donezk, obwohl nach den Vereinbarungen von Minsk weder die Russische Föderation noch die von ihr kontrollierten Terroristen das Recht hatten, solche Ausrüstung

---

[40] https://uk.wikipedia.org/wiki/OSINt

dort zu lagern. Ich druckte die Fotos aus und brachte sie heimlich ins Studio, wo ich sie vor der Kamera zeigte. Es wäre schwierig gewesen, aus dem Fernsehbild geschnitten zu werden, und gegen die Fakten zu argumentieren wäre gleichfalls schwer gewesen.

Dank der Ressourcen von OSINt konnte ich dem russischen Publikum zumindest Informationen über die Anwesenheit russischen bewaffneten Militärs im Donbass und deren Einsatz von schwerem Gerät, was einen offensichtlichen Verstoß von ihrer Seite gegen die Minsker Abkommen darstellte, weitergeben.

Dies ist ein Beispiel dafür, wie man die Funktionen von OSINt richtig nutzen und vor einem breiten Publikum anwenden kann. Große Wellen schlagen jedoch Entdeckungen von Volontärwebseiten, die öffentliche Aufklärung liefern und durch Nachdrucke in den Medien und Reposts in sozialen Netzwerken an Popularität gewinnen, sie werden zu den wichtigsten Informationsquellen in Newsfeeds und anderswo. Die Bellingcat-Untersuchung über die 2015 abgeschossene Boeing MH17 wurde zum Beispiel teilweise in offizielle Regierungsberichte aufgenommen.

Wir werden im Folgenden über die Aktivitätsmuster von Netzwerken und Organisationen im Stil von OSINt sprechen.

InformNapalm

Wir, InformNapalm, sind eine Netzwerkstruktur, wir kämpfen für unser Vaterland, auf unserer Seite gibt es mehrere hundert sehr aktive Benutzer, die ihre eigenen Methoden zum Suchen und Überprüfen von Informationen entwickelt haben.
Sie agieren gegen uns und wir agieren gegen sie.
Anton Pawluschko

Es ist möglich und notwendig, der russischen Aggression zu widerstehen, aber das muss professionell und vorzugsweise in verschiedenen Sprachen erfolgen. Damit die ganze Welt die Wahrheit aus objektiven und unparteiischen Quellen lernen kann, ist es notwendig, nicht nur die wahren Tatsachen der Aggression des Besatzers aufzuzeigen, sondern dies auch in einer Sprache zu tun, die von den Medien der Welt verstanden wird.

Ein Beispiel für eine solche Bekämpfung ist das ukrainische Volontärprojekt InformNapalm, das in fast 30 Sprachen existiert.

Insbesondere Volontäre der Website erklären Soldaten in elektronischer Form die einfachsten, aber grundlegend wichtigen Themen: Umgang mit Waffen, psychologische Sicherheit, Kommunikationsmittel, Einstellung zu Alkohol im Front- und Nahfrontbereich, Aspekte der Anpassung nach der Rückkehr nach Hause.

Die Gründer des Projekts selbst schreiben: „InformNapalm ist ein in viele Richtungen zielendes Projekt. Die Teilnehmer sind Volontäre, die über die Ereignisse des nichterklärten Krieges Russlands gegen die Ukraine, die Besetzung der Krim und die terroristischen Aktivitäten russischer Spezialkräfte sowie die Aktivitäten fanatischer Kämpfer terroristischer Organisationen, der „DNR", „LNR", „Noworossija" usw. berichten.

Auf freiwilliger Basis gehören zum InformNapalm-Team ehemalige Soldaten, Journalisten, Analysten, Übersetzer und Aktivisten. Im friedlichen Leben sind wir Vertreter verschiedener Berufe, aber in dem Moment, als der Krieg in die Ukraine kam, wurden wir alle Soldaten der Informationsfront.

Einige der Teammitglieder waren mehr als einmal rotierend im ATO-Gebiet, viele leben in den besetzten Gebieten, andere leben im Ausland und helfen so viel wie möglich. Wir sind alle gewöhnliche Menschen, die die Ukraine lieben und unserem Land Freiheit und Wohlstand wünschen. Das Schicksal der Ukraine hängt von uns und euch ab, nicht von Politikern, Beamten und Oligarchen."

Die *informnapalm.org*-Website selbst widmet sich den Fragen der Informationsberichterstattung über russische Aggressionen. Die Seite zeigt das wahre Gesicht des Kremlfaschismus, die Aktivitäten seiner Handlanger. Es gibt einzigartige analytische Artikel sowie Beiträge, die während des Monitorings offener Informationsquellen, Angaben von Insidern und direkten Teilnehmern an Ereignissen gesammelt wurden.

„Volontäre von der Krim und aus Georgien waren die ersten, die sich dem Team anschlossen, gefolgt von Bewohnern des besetzten Donbass, des freien Teils der Ukraine und anderer Länder. Der eine im InformNapalm-Team führt fast rund um die Uhr OSINt-Untersuchungen durch, der andere übersetzt fünf Stunden am Tag, jemand drittes repostet Nachrichten in sozialen Netzwerken. Jeder Volontär verbringt so viel Zeit und Mühe mit der Quelle, wie er oder sie es für notwendig hält. Einige an dem Projekt beteiligte O-SINt-Forscher sind lange bekannte Experten, zum Beispiel Irakli Komachidse aus Georgien, Anton Pawluschko aus Deutschland, Al Gri aus Israel und andere. Alle Volontäre haben sich dank des Internets kennengelernt, das eigentlich der Hauptraum für ihre Arbeit ist.

Aus der Analyse der IP-Adressen von Website-Besuchern ist ersichtlich, dass sie in den USA, in Regierungsbehörden in Schweden, Deutschland, Frankreich, Bulgarien, den Niederlanden, Kanada, der Slowakei, Estland, Georgien, Lettland und in NATO-Strukturen gelesen werden. Von Zeit zu Zeit finden wir in den westlichen Medien Hinweise auf die Arbeit des Projekts, insbesondere im Guardian, bei der BBC usw.", sagte Roman Burko, Journalist und Gründer des Projekts, der Zeitung Den' in einem Interview.[41]

Die Stärke solcher Organisationen wie InformNapalm liegt in ihrer Vernetzung und ihrem Ideenreichtum. Menschen, die sich entschieden haben, sich dem Angreifer zu widersetzen, tun dies aufrichtig und mutig und verbringen ihre Zeit und Talente viel effizienter und effektiver als Mitarbeiter auf der Seite des Angreifers.

Bellingcat

Bellingcat, gegründet von Eliot Higgins, einem britischen Blogger und Journalisten, um die militärischen Konflikte in Syrien zu erforschen und später die Tragödie der abgeschossenen Boeing über den ukrainischen Donbass zu untersuchen, erwies sich als besonders wirksam bei der Analyse von Open-Source-Daten.

Higgins selbst und freiwillige Experten arbeiten an dem Projekt und analysieren Karten, Video- und Fotoinhalte, die im Internet zu finden sind. Der Start des Projekts und seiner Aktivitäten wurde durch eine Spendenaktion auf der Crowdfunding-Plattform Kickstarter finanziert, die es den Teilnehmern ermöglicht, unabhängig und nur dem Ziel verpflichtet zu sein, sich dabei aber nicht

---

[41] http://day.kyiv.ua/uk/article/media/vvichlyva-zbroya (Vom Übers. erg. Anm.)

ABSCHNITT III: WIDERSTAND 115

auf offizielle Protokolle zu beschränken, keine Rücksicht zu nehmen auf Diplomatie und politische Zweckmäßigkeit, was sich die Regierungen der meisten am Konflikt beteiligten Länder leider nicht leisten können.

Eines der wichtigsten Projekte von Bellingcat ist die Untersuchung von Malaysia-Airlines-Flug 17. Die Gruppe stellte fest, dass das Flugabwehr-Raketensystem *Buk*, welches das Flugzeug abschoss, der 53. Brigade der russischen Armee in Kursk gehörte.

Am 31. Mai 2015 veröffentlichte die Bellingcat-Gruppe einen Beitrag, der nachwies, dass Satellitenfotos, auf denen der Standort ukrainischer Buk-Luftverteidigungssysteme eingetragen war, durch das russische Verteidigungsministerium mit Hilfe von Adobe Photoshop gefälscht worden waren. Bellingcat stellte außerdem die Fakten fest, dass die ukrainischen Truppen von russischem Gebiet aus beschossen worden waren, insbesondere von Artillerie und Raketenwerfern, und zwar durch das BM-21 „Grad"-System, wie in der ukrainischen Version von Wikipedia unter Bezugnahme auf die englische Version angegeben ist.[42]

Insgesamt haben Open-Source-Untersuchungen und insbesondere Bellingcat einen Präzedenzfall im Informationskrieg zwischen zwei Seiten (z. B. dem Westen und Russland) geschaffen, wo unabhängige Journalisten, OSINt-Volontäre und zufällige Augenzeugen zu wichtigen Informationsquellen werden. Dies erhöht faktisch die Objektivität der Berichterstattung über die Situation oder den Konflikt insgesamt.

Es geht hierbei nicht nur um Informationsmanipulation und Propaganda Russlands, sondern insbesondere auch um Lügen und die Verschleierung von Tatsachen durch die Regierungen anderer Länder, einschließlich derjenigen der Ukraine. Es ist die professionelle Sicht der Öffentlichkeit, nicht einer der Konfliktparteien oder eines einzelnen Staates.

---

[42] https://uk.wikipedia.org/wiki/Еліот_Гіггінс. Darüber hinaus dokumentieren die verschiedenen Sprachversionen des Wikipedia-Artikels zu MH17 den Abschuss und seine Untersuchung, https://de.wikipedia.org/wiki/Malaysia-Airlines-Flug_17. (erg. Anm. d. Übers.)

Das Spektrum der Untersuchungen und Analysen von Bellingcat beschränkt sich nicht nur auf die Themen der abgeschossenen Boeing oder des Syrienkonflikts, sondern bietet auch eine Reihe journalistischer Untersuchungen zu globalen Themen, die Perspektiven für die Aktivitäten der Organisation schaffen.

Stopfake.org

Stopefake ist ein weiteres Projekt zur Bekämpfung der russischen Propaganda, die sich in den frühen Stadien der Kreml-Aggression auf fast den gesamten ukrainischen Medienraum ausbreitete. Wenn die beiden vorherigen Projekte jedoch eher auf OSINt basieren, befasst sich das Stopfake-Projekt mit Journalismus und Medienanalyse der Bürger.

Um dem Angreifer im Informationsbereich wirksam entgegenzuwirken, war ein Projekt erforderlich, oder mit anderen Worten, eine Gruppe verantwortungsbewusster, patriotischer, objektiver Personen mit hinreichender beruflicher Ausbildung, die politisch aufmerksam waren und die Fakten im Medienraum überprüfen und ihre Glaubwürdigkeit ermitteln sowie falsche, gefälschte Nachrichten aufdecken konnten.

Die Inhalte, die Stopfake produzierte und weiter erfolgreich produziert und archiviert, wurden schnell nützlich und notwendig, nicht nur für die Ukrainer, sondern – sehr oft – auch für die Medien der Welt.

„Die Website zur Überprüfung von Fakten, Stopfake.org, wurde am 2. März 2014 gestartet. Die Gründung wurde von Dozenten, Absolventen und Schülern der *Mohyla School of Journalism* sowie des Programms für Journalisten und Redakteure *Digital Future of Journalism* initiiert. An dem Projekt nahmen Journalisten, Redakteure, Programmierer und Übersetzer teil, alle, denen das Schicksal der Ukraine und ihrer Bevölkerung während der Besetzung der Krim und des Krieges im Donbass am Herzen lag.

Zu Beginn bestand das Hauptziel der Gemeinschaft darin, erfundene Fakten und falsche Informationen in den Medien über das Geschehen in der Ukraine zu überprüfen und zu widerlegen. Anschließend entwickelte sich das Projekt zu einem Informationszentrum, das die Propaganda des Kremls in all ihren Aspekten und Erscheinungsformen analysierte.

Neben den Auswirkungen der Propaganda auf die Ukraine versuchen wir auch, Methoden zur Beeinflussung anderer Länder und Regionen zu untersuchen, von Syrien und der Türkei bis zu den Ländern der Europäischen Union und der ehemaligen Sowjetunion.

Die Anzahl der Mitglieder unseres Teams wächst stetig. Uns haben sich Medienfachleute angeschlossen, die Informationen zunächst in fünf Sprachen prüften, bearbeiteten, übersetzten und verbreiteten: auf Russisch, Englisch, Spanisch, Rumänisch und Bulgarisch. Inzwischen bringen wir auch Informationen auf Deutsch, Französisch, Italienisch, Niederländisch, Polnisch, Serbisch, Tschechisch und natürlich auf Ukrainisch.

Sie können unsere Inhalte auf der Website, im Internet und auf lokalen Fernsehkanälen in der Ukraine – 2014–2016 existierte zusätzlich der Fernsehkanal Ukraine today – ansehen, Podcasts und Radioprogramme anhören sowie mit uns in den sozialen Netzwerken kommunizieren.

Das StopFake.org-Projekt ist in keiner Weise mit ukrainischen Regierungsorganisationen verbunden oder von diesen finanziell unterstützt. Wir sind eine journalistische Organisation, deren Hauptziel es ist, Informationen zu überprüfen, die Medienkompetenz des Publikums zu stärken und für eine klare Unterscheidung zwischen journalistischen Fakten und Propaganda zu kämpfen.

Dies erreichen wir nicht nur, indem wir einzelne Fälschungen widerlegen, sondern auch, indem wir ein Archiv der Propaganda erstellen, Informationen analysieren, Schulungen für Stakeholder zur Überprüfung von Nachrichten durchführen und indem wir an Konferenzen und Seminaren teilnehmen.

Zuerst existierte Stopefake als Volontärprojekt, dann setzten wir unsere Aktivitäten dank Crowdfunding fort, wir erhielten von unseren Lesern Spenden. Darüber hinaus unterstützten im Jahr 2015 das Projekt finanziell die International Renaissance Foundation, die Nationale Stiftung für Demokratie, das tschechische Außenministerium und die Botschaft des Vereinigten Königreichs in der Ukraine sowie der ‚Sigrid Rausing Trust'", so geben die Gründer und Organisatoren des Medienprojekts in ihrer Beschreibung an.

Stopfake enthüllt nicht nur falsche Nachrichten, sondern betreibt auch eine aktive Aufklärungskampagne, indem es die Menschen befähigt, Fake news und propagandistische Nachrichten zu erkennen.

Wenn wir das ukrainische Publikum vor dem Konflikt und zwei Jahre später vergleichen, so unterscheidet es sich bereits in vielerlei Hinsicht. Früher vertrauten die Ukrainer dem Fernsehen und den Printmedien zu 100%, aber im Laufe der Zeit begannen sie, die Fakten zu überprüfen, nach alternativen Quellen zu suchen, den Ursprung von Nachrichten aufzudecken und die Glaubwürdigkeit der Medien zu beurteilen. Dies ist ein bedeutender nationaler Sieg auf dem Weg zum Sieg in einem hybriden Krieg, denn die Medienkompetenz, die *digital literacy* der Bevölkerung ist in der modernen Welt einer der wichtigen Bildungskomponenten der Nation, die sich auf die Informationssicherheit des ganzen Landes auswirkt.

Der Widerstand des Bürger-Journalismus gegen die Propagandamaschine, die Aufklärung aus offenen Quellen und die Freiwilligenbataillone gegen die Geheimdienste und die Armee des Angreifers mögen technisch verloren haben, aber sie zeigten Sieg, Patriotismus und Engagement für die Sache. Schließlich ist das Ziel äußerst wichtig: Wofür diese oder jene Seite kämpft, kann im Zeitalter des Internets und der freien Medien leicht festgestellt werden, nämlich indem man Lügen und Propaganda nach Goebbels-Art, die leider immer noch von einigen Regierungen praktiziert werden, aufdeckt. Sie können selbst eine Armee von Freiwilligen zusammenstellen und Ihr Land und Ihre Leute ohne ein Milliardenbudget verteidigen. Dies wurde am Beispiel der Ukraine bewiesen, wenn auch auf Kosten großer Opfer. Aber die Ukraine widerstand und verlor weder ihre Staatlichkeit noch ihren Kampfgeist.

Dies ist ein Beispiel für die Konfrontation zweier unterschiedlicher Ansätze: des vertikalen und des horizontalen, der staatlichen Maschine gegen den öffentlichen Sektor und der aktiven Bevölkerung. Wo für den Aggressor nur diejenigen arbeiten, die dafür ein

Gehalt bekommen und Angst haben, von ihren Anführern gefeuert oder erschossen zu werden. Wenn es aber darum geht, sein Heimatland im Falle einer externen Aggression zu verteidigen, wird fast jeder Soldat, Freiwilliger und leistet nützliche Arbeit für das Land. Schließlich steht die Sicherheit des Staates und der ganzen Nation auf dem Spiel. Daher ist das Engagement hier mehrere Stufen höher, und die Soldaten warten nicht auf ein Gehalt, sondern opfern das Letzte für die Armee, für Waffen, helfen den Familien der gefallenen Kameraden. Volontäre sind bereit, unermüdlich zu arbeiten, Geld und Lebensmittel zu sammeln sowie notwendige technische Ausrüstung für Soldaten zu suchen und zu kaufen, insbesondere militärische.

Fernsehen als Kriegsschauplatz

In meinem Beruf als Politikwissenschaftler muss ich regelmäßig Kommentare geben in Print- und Online-Medien, in Radio und Fernsehen sprechen, weshalb Journalisten fast ständig in meinem Gesprächsumfeld waren. Viele von ihnen wurden meine Freunde. Einige dieser Leute machen eine Reihe von Programmen auf dem ICTV-Kanal mit nationaler Berichterstattung und einem Publikum von mehreren Millionen: „Graschdanskaja oborona" (Bürgerwehr) und „Anti-Zombie".[43]

Der Inhalt der Programme besteht darin, dass Journalisten versuchen, der russischen Propaganda die Stirn zu bieten, indem sie alle Fakes, Ungenauigkeiten, Unglaubwürdiges und direkten Lügen widerlegen. Der Arbeitsaufwand ist beträchtlich, aber das Ergebnis ist beeindruckend. Weniger als ein Dutzend engagierter Journalisten, Kameraleute und Redakteure leisten die Arbeit, die die Ukraine während der russischen Aggression dringend benötigte. Sie tun, was das Ministerium für Informationspolitik tun sollte, aber zum Glück tut es das nicht, denn dann würde sich unsere Politik nicht von der Politik des Kremls unterscheiden. Darüber hinaus erledigen Journalisten ihre Arbeit dutzende Male bes-

---

[43] https://de.wikipedia.org/wiki/ICTV_(Fernsehsender) (Anm. d. Übers.)

ser als Beamte das tun würden. Der Sender produziert zwei Fernsehsendungen pro Woche, die zu unterschiedlichen Sendezeiten fünf bis sechsmal ausgestrahlt werden. Seine Programme wurden nicht nur in der Ukraine populär, sie wurden auch in einigen baltischen Ländern als Content gekauft.

Die Autoren schreiben über ihre Projekte wie folgt: „Durch das Informations- und Journalistenprogramm ‚Bürgerwehr' werden den Zuschauern auf die eine oder andere Weise militärische und politische Geheimnisse in Bezug auf die Ukraine, bisher unbekannte historische Fakten und aktuelle Ereignisse offengelegt.

Verdeckter Krieg, Geheimagenten und terroristische Operationen, all dies geschieht gerade nebenan. Die Experten des ‚Bürgerwehr'-Projekts wollen dem Zuschauer unbekannte militärische und politische Geheimnisse offenlegen und die Aufmerksamkeit auf Fakten lenken, an die Sie zuvor nicht einmal gedacht haben. Das Militär und die Politiker, Aufklärer, Geheimdienstoffiziere und Wissenschaftler sind bei weitem nicht alle auf der vollständigen Liste der Gäste des Programms.

Themensendungen über Geschichte, militärische Angelegenheiten, die neuesten militärischen Entwicklungen in Wissenschaft und Technologie, Politik und Geopolitik helfen den Zuschauern, Antworten auf alle drängenden Fragen von heute zu finden. Sie öffnen die Augen der Bürger für das, was ihnen verborgen ist, und zerstreuen die Mythen, die die Feinde dem Land aufdrücken."

Beide Fernsehprogramme leiteten einen wichtigen Beitrag in der Arbeit gegen die Propaganda, als prorussische Kreml-Blogger, Bots und Hate-Trolle begannen, Experten in den sozialen Netzwerken und sogar telefonisch zu bedrohen und die Shows selbst in *YouTube*-Botschaften aggressiv zu kommentieren. Persönlich erhielt ich nach Anti-Propaganda-Sendungen, die meiner Meinung nach erfolgreich waren, Dutzende von Bedrohungen im russischen sozialen Netzwerk *Vkontakte* und auf meinem Handy. Ich hatte offensichtliche Tatsachen über Milizen-Führer, Separatisten und die Kreml-Führung geäußert, die auf Kosten normaler Russen gut lebt und Kampfhandlungen in der Ukraine und in Syrien finanziert. Gerade dadurch, wie der Kreml reagierte, kam das Fernsehprogramm

ABSCHNITT III: WIDERSTAND 121

gut an. Es wirkt und hat seinen Einfluss, das Publikum reagiert positiv, weil es Fälle von Propaganda, Kriegsverbrechen, Plünderungen und Gräueltaten prorussischer Terroristen aufdeckt.

Ich habe mich oft gefragt: Was ist der Erfolg von Fernsehübertragungen? Warum wirken sie manchmal besser als investigativer oder klassischer Journalismus? Die Antwort, die mir gegeben wurde, war, dass die Shows für ein patriarchalisches Publikum arbeiten, für die Wählermasse der Bevölkerung, die schwankt und nur eine Lösung für ein Problem wissen will. Auf der anderen Seite präsentieren Fernsehprogramme viele Fakten und Details, die andere Medien auslassen. Sie arbeiten asymmetrisch zur russischen Propaganda, obwohl sie manchmal ein im russischen Fernsehen populäres Format verwenden. Und dies trägt auch zu ihrer Popularität bei, da der ukrainische Zuschauer ein häufiger Abnehmer russischer Fernsehsendungen, Online-Medien und sozialer Netzwerke ist, denn er gehört zu dem Medienraum, den er einst mit den Russen teilte.

In der Kommunikation mit den Teams beider Projekte habe ich viele interessante Dinge gelernt. Ich nenne einige stichpunktartig:

- *Bürgerwehr* war das erste Gegenpropaganda-Programm in der Ukraine. Das ist eine Tatsache. Die Idee hierzu kam auf nach den Unruhen und der Okkupation des Territoriums. Sie führten einen Informationskrieg gegen uns, es war notwendig, irgendwie zu reagieren. Wir sind uns im Prinzip alle dessen bewusst, dass viele Journalisten familiäre Bindungen in der Ostukraine und auf der Krim haben. Uns war alles nicht egal. Wir wollten die Situation beeinflussen. Also gingen wir an die Informationsfront.
- Wir wissen, dass selbst, wenn dieses Programm nicht die *Watnykiw* (Wattewesten) erreicht, es zumindest bei unseren Soldaten eine positive Wirkung hat und ihre Stimmung hebt. Viele Bekannte von der Front riefen an und sagten, die ganze Brigade habe die Sendung angesehen, irgendwo gelacht, irgendwo „einen Einblick erhalten".
- Von Zeit zu Zeit rufen sie den Kanal an, bitten um Kontakt mit der Redaktion, schreien, dass wir alle lügen und kein Gewissen haben, Russland verleumden. Und, stellen Sie sich vor, es sind Ukrainer, die anrufen. Das heißt, es gibt auch bei uns noch viele *Waty*.
- In Russland gibt es keine offiziellen Ausstrahlungen dieser Sendungen, aber sie werden auf Youtube angesehen. Einige Zuschauer aus dem russischen Fernen Osten schrieben sogar auf die Kommentarleiste des Senders, dass es gut wäre, den Russen die reale Situation im Land zu

zeigen. Grundsätzlich gibt es neben aggressiven Kommentaren auch viele gute.
- Wir werden in verschiedenen Teilen der Welt, wie im Fall von Russland, über Youtube angesehen. Ich weiß genau, was russischsprachige Menschen in Lettland und Deutschland sehen. Oft schreiben Bekannte aus dem Ausland, dass sie das Programm irgendwo online gesehen haben. Themen oder Geschichten werden in verschiedenen Gruppen geteilt, so gelangen die Informationen ins Ausland.
- Früher erhielten wir Anrufe von uns bekannten Kämpfern von der Front, die regelmäßig „Bürgerwehr" und „Anti-Zombies" einschalteten und uns mitteilten, dass das Signal während der Ausstrahlung der Sendung plötzlich verschwand.
- Viele Kommentare und Bedrohungen in sozialen Netzwerken richten sich jedoch nicht an konkrete Personen. Der eine schimpft und flucht nur, der andere schreit: „Fürchte Gott!" Aber das sind alles Bots, wir reagieren darauf nicht. Im Gegenteil, wenn es sie wütend macht, arbeiten wir gut!

Boykottierung von Waren und Dienstleistungen des Aggressors

Wirtschaftliche Bekämpfung ist nicht weniger wichtig für die allgemeine Bekämpfung als die militärische oder informelle, obwohl sie keine so schrecklichen Verluste verursacht, aber sie schwächt den Feind und löscht oft seinen Wunsch nach weiteren aggressiven Maßnahmen. Eines der Instrumente der wirtschaftlichen Bekämpfung ist der Boykott von Waren des Feindes. Dieser Einflusshebel hat eine lange Geschichte, da er in der Vergangenheit von Konfliktparteien häufig für politische Verhandlungen und einen wirtschaftlichen Schlag für das Geschäft des Feindes und das rivalisierende Land im Allgemeinen genutzt wurde.

Die Ukraine begann unmittelbar nach der Besetzung der Krimhalbinsel mit dem Boykott russischer Waren. Dem ging allerdings ein Boykott der Geschäfte von Parlamentariern und prominenten Politikern und Geschäftsleuten der prorussischen Partei der Regionen voraus, der Ende 2013 parallel zur Entfaltung der revolutionären Ereignisse auf der Majdan begann. Es war notwendig, die Aktionen der Regierungspartei einzuschränken, die Janukowytschs diktatorische Ambitionen im Austausch gegen geschäftliche Bevorzugungen und die Möglichkeit, Millionen aus dem Staatshaushalt zu verdienen, unterstützte. Der Boykott der Waren

ABSCHNITT III: WIDERSTAND   123

der Partei der Regionen wurde noch aktiver und kategorischer, nachdem das ukrainische Parlament für die sogenannten „diktatorischen Gesetze vom 16. Januar"[44] gestimmt hatte, die auf die Stärkung des Janukowytsch-Regimes und gegen die friedlichen Demonstranten abzielten.

Um jedoch auf den Boykott der Waren des Aggressors zurückzukommen, sollte angemerkt werden, dass die Aktivisten eine Reihe von Gruppen in sozialen Netzwerken organisierten, Aktivitäten im Internet und auf der Straße durchführten, damit das russische Business seinen Präsidenten und seine politische Führung beeinflusste. Leider gingen die Aktionen gegen das russische Geschäft neben dem Boykott weit über friedliche Proteste hinaus und wurden gewalttätig. Das zweite Kriegsjahr dauerte an, und die Büros russischer Unternehmen wurden von Demonstranten von der Straße aus angegriffen, Eigentum zerstört und geringfügige Plünderungen angestellt. Dies warf aber kein gutes Licht auf den ukrainischen Widerstand, andererseits führte es zu weitgehenden Einschränkungen der politischen Freiheiten vieler von der Russischen Föderation finanzierter Institutionen und Organisationen, die in der Ukraine tätig sind. Solche gewalttätigen Aktionen waren jedoch vereinzelt und wurden hauptsächlich an bestimmten symbolischen Daten organisiert.

Russische Unternehmen und politische Führer spürten den Boykott. Dies führte schließlich zum Rebranding von Mobilfunkbetreibern, zu Vereinbarungen mit europäischen Franchise-Unternehmen und zur Änderung der Markennamen von Unternehmen, die in der Ukraine mit Erdölprodukten handelten. Ganze Ketten russischer Cafés wurden geschlossen und loyale PR-Kampagnen „verschleierter russischer Marken" gestoppt.

Leider versuchten aber die russischen Unternehmen, anstatt ihre Regierung, also den Kreml und Putin, auf zivilisierte Weise

---

[44] Die Gesetze vom 16. Januar sind eine Reihe von Gesetzen, die darauf abzielten, die verfassungsmäßigen Freiheiten der Bürger einzuschränken, die Aktivitäten der Opposition in einen illegalen Kurs zu verwandeln und Protestmöglichkeiten einzuschränken. Wegen grober Verfahrensverstöße traten sie nicht in Kraft. Nach Vorstellungen ihrer Autoren sollten die Gesetze das herrschende Janukowytsch-Regime vor dem Zusammenbruch schützen.

und durch Lobbyarbeit unter Druck zu setzen, sich ein Image in der Ukraine zu schaffen, das nicht mit russischer Aggression verbunden war. Die Unternehmen gaben vor, nichts mit Russland oder den Kriegshandlungen in der Ostukraine und der Annexion der Südukraine zu tun zu haben. Wie die Praxis gezeigt hat, konnten Journalisten und Blogger aber alle Manipulationen und „Augenwischereien" sehr leicht aufdecken, und das Geld, das in das Rebranding gesteckt wurde, war Geld in den Wind.

Der Boykott hat sich ausgezahlt, einige führende russische Unternehmen haben sich umbenannt, weil sie dachten, sie könnten 40 Millionen Ukrainer täuschen. Einige machten es geschickter, andere weniger, aber sie schafften es, die Aktivität des Boykotts russischer Waren zu vermindern und von der aktiven Phase in eine passivere Richtung zu lenken.

Nach einem ähnlichen Schema, jedoch unter Einbeziehung des Parlaments, wurden russische Fernsehserien und Filmproduktionen gestrichen, die nicht nur Geld in der Ukraine einbrachten, sondern auch eine starke Propagandafunktion ausübten, weshalb sie aus dem ukrainischen Fernsehempfangsbereich verbannt wurden. Als die russische Aggression zunahm, wurde klar, dass der russische Einfluss nicht nur auf russische Banken, Mobilfunkbetreiber, Ölfirmen, Bekleidungshändler, Filme, Nachrichten oder sogar ihre eigenen Medien beschränkt war. Russland stützte sich auf eine klare, tiefe Ideologie, die im ukrainischen Bewusstsein verankert war und durch die es verstand, die Gesellschaft geschickt zu manipulieren. Auch sie galt es zu bekämpfen.

Dekommunisierung

Wir alle lieben es, wilde Raubtiere zu bewundern, aber aus Sicherheitsgründen nicht auf der Straße, sondern im Zoo. Aus eben den gleichen Gründen sollten die Denkmäler des Totalitarismus, die nicht weniger gefährlich sind als Raubtiere, von den Straßen entfernt werden.
Wolodymyr Wjatrowytsch

Die Unabhängigkeit der Ukraine ging nicht einher mit weiteren Schritten, wie zum Beispiel Lustration, also der Entfernung kommunistischer Beamter und Geheimdienstagenten aus dem Machtapparat. Es gab keine Entkolonialisierung von der Sowjetunion, die sogenannte Dekommunisierung. Daher behielt die Ukraine wie die meisten Republiken der UdSSR das Erbe des Imperiums, die Infrastruktur, die russische Sprache und sogar die Verfassung bei, aus der die Ukraine erst 1996 teilweise entlassen wurde.

Die Ukraine hätte in hohem Maße von den Erfahrungen mit den Fällen und Erfolgsgeschichten der Dekommunisierung in Polen und den baltischen Ländern profitieren können, welche nach dem Abbruch der Beziehungen zum sozialistischen Lager eine strenge nationale Politik einführten, die die eigene Sprache, Kultur und Geschichte förderte. Leider wurde in der Ukraine in der Zeit der Unabhängigkeit nichts davon getan, weshalb der Kampf um die Befreiung vom ideologischen Joch bis heute andauert.

Unsere Erfahrung kann für Belarus, Kasachstan, Armenien und viele andere postsowjetische Republiken äußerst wichtig sein, wenn (oder besser gesagt *sobald*) sie den Weg einer freien demokratischen Entwicklung wählen.

Die Befreiung von den Fesseln des Imperiums ist ein sehr schmerzhafter und mühevoller Prozess, der noch schwieriger ist als die Befreiung Spaniens von der Ideologie Francos, Italiens von der Mussolinis und sogar Deutschlands von der Hitlers. Schließlich fand in all diesen Fällen die Säuberung ohne aktiven Protest des Regimes statt. Im Fall der westeuropäischen Länder waren die Kräfte der Diktatur bereits besiegt, was eine bessere Chance für eine ideologische Säuberung des Landes bot. Das kann man über die Dekommunisierung in der Ukraine nicht sagen, die von Moskau, welches sich 1991 als Nachfolger der Sowjetunion verstand, abgelehnt wird. Aus diesem Grund wird jeder Versuch der ehemaligen Republiken, ideologisch unabhängig zu sein, von Russland als persönliche Beleidigung und öffentliche Ohrfeige aufgefasst. Der Wunsch der Ukraine nach einer eigenen Politik ist wie ein Verrat des ehemaligen Partners im sozialistischen Lager.

Andererseits muss man sehen, dass einige ukrainische politische Parteien von 2014 bis 2016 den Prozess der Dekommunisierung nur als Gelegenheit nutzten, um schnell und billig PR zu erhalten, ihre Wähler zu aktivieren und den prorussischen Wähler zu irritieren. Dies kam den nationalistischen Parteien der Ukraine, den prorussischen Parteien und den russischen Medien zugute, die so immer ein gutes Bild für ihre Propagandageschichten bekamen. Es fanden politische Spiele statt, um Bonuspunkte von den Wählern zu erhalten, aber nicht um die 1991 begonnene Befreiung von der Sowjetunion zu vollenden.

Die prorussischen Parteien in der Ukraine haben wie die prorussischen Separatisten- und Terroristengruppen in den okkupierten Territorien der Gebiete Donbass und Luhansk keine eigene Ideologie, weshalb sie als ideologische Waffe die „Nostalgie für die Sowjetunion" gewählt haben. Da sie nicht in der Lage sind, ein qualitativ hochwertiges sozioökonomisches Reformpaket oder ein modernes Programm anzubieten, spekulieren sie alle über die angeblich besten Jahre der Sowjetunion, die damalige Verfügbarkeit von Arbeitsplätzen und Billigkeit bestimmter Waren.

Die Dekommunisierung hätte schnell und ohne übermäßige politische Abschwächung erfolgen müssen, aber in der Ukraine verlor sie aufgrund des Widerstands Russlands und der prorussischen Streitkräfte erheblich an politischer Dynamik. Dies führte zur Entstehung einer alternativen Dekommunisierung oder einer sogenannten sanften kulturellen Dekommunisierung, wo anstelle des Abrisses von Denkmälern ihre Demontage und Verlagerung in Parks und Stadtränder oder die sogenannte nationale Dekommunisierung vorgeschlagen wurde und die sowjetischen totalitären Symbole patriotisch gelb-blaue Farben und neue Werte erhielten.

ABSCHNITT III: WIDERSTAND 127

Das sogenannte Dekommunisierungsgesetz „zur Verurteilung der kommunistischen und nationalsozialistischen totalitären Regime in der Ukraine und zum Verbot der Propaganda ihrer Symbole" verursachte in den russischen Massenmedien große mediale Aufruhr. Die Ukraine gebe ihre Vergangenheit auf und verliere ihre historischen Wurzeln. In den ukrainischen und russischen Medien war noch viel anderer historischer Unsinn zu hören und zu lesen.[45]

Den Initiatoren dieses Prozesses zufolge war das eigentliche Motiv für die Verabschiedung des Gesetzes jedoch der Wunsch, Denkmäler von kulturellem Wert zu bewahren und das Land von Objekten der Propaganda und der Ideologie des Kommunismus zu reinigen.[46] Auf die Frage aber, warum die Dekommunisierung so radikal war, kann eine einfache Antwort gegeben werden: Der Kommunismus wurde auch nicht mit weißen Handschuhen etabliert. Stattdessen wird er nun auf zivilisierte Weise durch die Verabschiedung von Gesetzen und öffentliche Debatten ausgemerzt.

Faktisch fing die Geschichte der Dekommunisierung nach der Revolution der Würde an, als der aktive Teil der Bevölkerung begann, die Denkmäler eines der Ideologen des Kommunismus und der Architekten des totalitären Regimes, von Wladimir Iljitsch Lenin oder genauer gesagt Wladimir Uljanow, auf revolutionäre Weise zu abzutragen. Die Gebiete Chmelnyzkyj und Dnipropetrowsk waren am aktivsten beim Abriss von Lenindenkmälern, weniger aktiv waren die östlichen Regionen (aufgrund ihrer mentalen Bindungen und politischen Ansichten) und die Westukraine, da der *Leninopad* dort bereits Anfang der neunziger Jahre stattfand, als die Ukraine gerade ihre Unabhängigkeit erlangte.

Um die russischen Medien nicht mit unnötigem Content von der Straße zu versorgen und kein Bild von Ukrainern als „Vandalen" zu schaffen, wurde ein Gesetz verabschiedet, um den Prozess

---

[45] Zum Gesetz vgl. den engl. Artikel https://en.wikipedia.org/wiki/Ukrainian_decommunization_laws (Anm. d. Übers.)

[46] Ausdruck der Bewahrung war auch die Publikation des Bildbandes von Yevgen Nikoforov „Decommunized: Ucrainian Soviet Mosaics." Kyiv, Osnovy 2017. (Anm. d. Übers.)

der Dekommunisierung, Entsowjetisierung und Entkolonialisierung der Ukraine zu legitimieren und die Entfernung der Attribute der imperialen und sowjetischen Vergangenheit zu legalisieren. Die Last der Vergangenheit war aber nicht leicht, weil die Ukraine von der Sowjetunion ungefähr fünftausend Lenindenkmäler geerbt hat, mehr gab es nur in Russland, sechstausend.

Das Ausmaß der *Leninisierung* pro Quadratmeter oder pro Person beeindruckt durch ihre totalitäre Propaganda. Faktisch war das eine Zeitbombe, die den kulturellen Code der Nation zerstören, das genetische Gedächtnis töten und einen Kult des kommunistischen Idols aufzwingen sollte. Bis Mitte 2016 befanden sich in der Ukraine noch rund 500 Lenin-Denkmäler, die alle aus dem öffentlichen Raum verschwinden müssen, wie es das Gesetz fordert. Es ist aber ebenso notwendig, alle Denkmäler aus dem öffentlichen Raum zu entfernen, die abgesehen von der Ästhetik eine kommunistische Propagandalast tragen. Das ist genauso wie die Denkmäler des Faschismus aus Deutschland und die Denkmäler von Franco und Mussolini aus Spanien und Italien verschwanden.

Das Dekommunisierungsgesetz verpflichtet uns, alle Attribute des Kommunismus loszuwerden, von den Namen von Städten, Straßen, regionalen Zentren bis hin zu Warenmarken, Zeitungen und Unternehmen. Laut Gesetz können seit dem 24. Juli 2015 alle kommunistischen Parteien in der Ukraine nicht Subjekte des Wahlprozesses sein und an Wahlen teilnehmen. Das heißt, diese Parteien sind verboten.

Am interessantesten ist, dass die Geschäftswelt, die in der Ukraine arbeitete und arbeitet, sehr einfach und ohne viel Aufhebens das neue Gesetz verabschiedete, alle erforderlichen Regeln umsetzte und gleichzeitig den Wert ihrer Marken bewahrte. Umgekehrt haben prorussische politische Führer und prokommunistische Befürworter Probleme immer aufgeblasen, damit PR getrieben und ihre politische Beliebtheit gesteuert. Laut Wolodymyr Wjatrowytsch, bis 1999 Direktor des Ukrainischen Instituts für nationale Erinnerung und ukrainischer Erforscher der Befreiungsbewegung, waren Handelsunternehmen verantwortungsbewusster, da sie finanzielle Verluste befürchteten, während in der Politik das Gegenteil der Fall ist: Niemand kümmert sich hier um über Verluste. Die Umbenennung der Stadt Komsomolsk in Horischni Plawi wird von vielen Politikern als Erfolg angesehen, die Meinung anderer ist genau das Gegenteil. Aber lassen wir die Politiker, nicht jeder in der Ukraine versteht die Reichweite der Entscheidung, selbst in der Stadt versteht sie nicht jeder. Auf der anderen Seite akzeptierte der junge, liberale, gebildete, proukrainische, patriotische Teil der Bevölkerung begeistert den ukrainischen Namen der ehemaligen Stadt Komsomolsk.

Ein City branding wurde geschaffen, ohne Geld aus dem Haushalts-Budget zu nehmen, ohne teure Vermarkter, Brandmanager, Designer und Kommunikationsspezialisten. Die Stadt erhielt ein Logo, ein Motto und eine Millionen Hrywen als Unterstützung. Es wurden sogar die ersten Ausflüge zum örtlichen Bergbau- und Weiterverarbeitungsbetrieb organisiert. Aber die unüberlegte Politik der lokalen Behörden wurde zu einem Hindernis, politische Diskussionen setzten ein und es kam zu Missverständnissen. Dies trug nicht zum umsichtigen Einsatz des Marketingkapitals bei, das die Stadt aufgrund der Verabschiedung des Dekommunisierungsgesetzes erhielt.

In der Ukraine gibt es viele kontroverse Elemente, insbesondere in der Politik. Man sollte immer vorbereit sein auf die Rache prorussischer Kräfte, die unehrenhaft nach Russland geflohen sind und riesige Vermögen, Güter und politische Posten in der Ukraine zurückgelassen haben. Die frühere prorussische Generation hat sich klar selbst diskreditiert, indem sie das Land dem Okkupanten auslieferte.

Während eines Treffens mit Wolodymyr Wjatrowytsch fragte ich, welche Sicherungen in das Gesetz eingebaut seien, um die Nivellierung der errungenen Siege zu verhindern und die Rückkehr in die totalitäre Vergangenheit abzuwehren. Wjatrowytsch behauptete, dass es keinen rechtlichen Mechanismus im Gesetz gebe. Schließlich könne in einer Situation eines anderen politischen Kurses zur Änderung eines Gesetzes ein anderes verabschiedet werden. Er betrachtete als den wirksamsten Schutz, wenn es Menschen gebe, die ihr Bewusstsein verändern und den Wunsch haben, ihr Haus in Ordnung zu bringen. Er glaube nicht, dass es möglich sei, ein „Rollback" durchzuführen, da zwei Drittel der Vorschläge zur Umbenennung der Namen von Straßen und Städten Vorschläge der örtlichen Bürgerschaften seien, die also zu den Hauptverteidigern werden sollten. Um die Position des aktiven Teils der Bevölkerung, der verantwortungsbewussten und sachkundigen Bürger, zu stärken, hat das Institut mehrere Projekte gestartet, die darauf abzielen, zumindest die Zahl der bewussten Ukrainer zu erhöhen, die in Zukunft die Errungenschaften der ukrainischen Staatlichkeit verteidigen werden. Zuallererst sind dies Ausstellungen, die den kriminellen Charakter des kommunistischen Regimes erklären sollen, und Museen des Totalitarismus, öffentliche Museumsparks zur nationalsozialistischen und kommunistischen Okkupation, Filme, Bücher usw.

Das Ukrainische Institut für nationale Erinnerung hat dreißig Mitarbeiter. In Polen beispielsweise in einer ähnlichen Einrichtung, im Instytut Pamięci Narodowej, übersteigt diese Zahl zweitausend. Aus diesem Grund setzt das Institut auf das Engagement der Mitarbeiter, den Patriotismus und die ungebremste Energie, um die gegebene Chance zu nutzen. Es zieht Historiker und Experten vor Ort hinzu und sucht nach Wegen, um seine strategischen Ziele umzusetzen. Was funktioniert ist vor allem Volontärarbeit.

Der Prozess der Dekommunisierung und Entkolonialisierung in unserem Land ist nun demokratisch, anders als bei der Etablierung des Kommunismus zu Beginn des letzten Jahrhunderts, als die Medien, das Internet und die globale Kommunikation noch nicht wie heute fortgeschritten waren. Gleichzeitig bietet er gute Chancen, das nationale Bewusstsein zu stärken, die kommunistischen ideologischen Botschaften aus dem politischen Diskurs auszuschließen und den Prozess der Staatsbildung in der Ukraine zu fördern. Aber vor allem gilt: ein geläutertes nationales Bewusstsein ist widerstandsfähiger gegen Informationen und ideologischen

Einfluss aus dem Ausland und kann der kolonialen Aggression des Feindes recht gut widerstehen.

Über die Bedeutung der Identifizierung der Bevölkerung und der lokalen Eliten mit dem Staat

Die Ukraine, ihre Freunde und Partner sollten sich in Zukunft nicht auf einen Hybrid- oder Informationskrieg vorbereiten, sondern ganz klar auf einen Krieg des Wissens und der Kultur. Selbst das Konzept des „Informationskrieges" ist angesichts der Schnelligkeit und Dynamik der Informationstechnologie inzwischen technisch überholt. Daher ist es wichtig, in Kultur, in den öffentlichen Sektor und die Entwicklung des bürgerlichen Bewusstseins zu investieren. Schließlich zeigt die Erfahrung des Widerstands der Ukraine, dass der Staat die größten Verluste dort erlitt, wo er sich am wenigsten um Kultur und Patriotismus kümmerte. Man kann den ukrainischen Experten teilweise zustimmen, dass es aufgrund politischer Blockierungen auf staatlicher und regionaler Ebene unmöglich war, in diese Bereiche zu investieren. Aber die Geschichte wird solche Ausreden nicht erinnern.

Anstatt ukrainische Bürger zu erziehen, investierte die Elite der Regionen Donbass und Luhansk Gelder und Informationskapital in die Bildung einer lokalen Identität, einer besonderen „örtlichen ethnischen Gruppe". Dies ermöglichte es, die Bevölkerung für politische Interessen zu manipulieren. Wie ein Oligarch aus Donezk nach einer Reihe von Durchsuchungen und Strafsachen sagte, ist es besser, 10 Millionen Wähler zu haben als die 100 besten Anwälte der Welt.

Entscheidendes verstanden die ukrainischen Machthaber aber nicht, als sie dachten, sie seien nun „lokale Fürsten" geworden und würden ihr eigenes politisches Spiel in der Ukraine spielen, die kontrollierte Region manipulieren und dem offiziellen Kyjiw ihren eigenen Willen aufzwingen. Am Ende stellte sich nämlich heraus, dass nicht sie diejenigen waren, die spielten, sondern dass man mit ihnen spielte. Und Moskau tat das geschickt. Ihre in London gekauften Immobilien garantierten den ukrainischen Machthabern hierbei keinen Schutz seitens des Vereinigten Königreichs. Putin konnte die regionalen Besonderheiten des Donbass ausnutzen und Terrorismus und Separatismus durch die Ausweitung des Einsatzgebiets der Kampfhandlungen in der Ostukraine befeuern. Darüber hinaus hatte er große Ambitionen, Noworissija, also Neurussland, zu schaffen, das die südöstlichen Regionen unseres Staates einschließen und den Zugang des Kremls zur Krim und nach Transnistrien öffnen sollte.

Unerwartet für Putin und sein Gefolge fand das Noworossija-Projekt jedoch aus einer Reihe von Gründen nicht statt, unter anderem infolge der militärischen Opposition der Ukraine, infolge internationaler Reaktionen und infolge der Ablehnung der Ideen von Terrorismus und Separatismus in der Bevölkerung. Die Ukrainer waren sich der Gefahr des militärischen Betrugs im Kreml bewusst und erlagen den Aufrufen und Parolen nicht.

Nach Putins Logik jedoch sollte die Bevölkerung von Cherson, Mykolajiw, Odessa, Saporischschja, Dnipropetrowsk, Kirowohrad und Sumy aufgrund ihrer Russischsprachigkeit auf die Seite der Separatisten und Aggressoren überwechseln, was zuvor von der prorussischen *Partei der Regionen* und einer großen Anzahl ethnischer Russen unterstützt wurde.

Das lange Zeit in den Medien durchgespielte Projekt „Noworossija" fand nicht statt. Die zusammengekürzte Form „Südosten" scheiterte ebenfalls, und die Aggression des Imperiums beschränkte sich auf mehrere Bezirke der Regionen Donezk und Luhansk. Hierfür gab es mehrere wichtige Gründe. Der erste war die Reaktion der ukrainischen Eliten, die beschlossen, „keine Eier in verschiedene Körbe zu legen", sondern sich als Patrioten und für die Ukraine auszusprechen. Und es gab in den genannten sechs Regionen viele solcher Eliten, im Gegensatz zum Donbass, wo der Ausdruck des Willens der Region durch die Berechnungen der Oligarchen bestimmt wurde. Der zweite Grund war die kulturelle Motivation, die Identifikation als Ukrainer, sie ist höher als die Identifikation mit der Region. Genau dies war einer der Gründe für das Scheitern der Pläne des Kremls.

Der informierte, gebildete, patriotische und weltoffene Bürger ist der Schlüssel zu Frieden und Sicherheit des Landes, so können wir schließen. Er garantiert Wohlstand und Wirtschaftswachstum, politische Stabilität und Wirksamkeit demokratischer Institutionen. Alle politische Stärke der Führung und der Diktatur aber ist eine vergängliche Vorstellung und beruht auf dem mangelnden Willen der Bürger, die Verantwortung selbst in die Hand zu nehmen. Dies aber führt letztendlich zu Enttäuschungen, Kriegen und Armut.

Werdet also frei, verantwortungsbewusst und gebildet. Und die Unbesiegbarkeit ist Euch garantiert!

Glossar des Autors

Ein wichtiges Element des hybriden Krieges Russlands gegen die Ukraine war die Informationskampagne, in der viele neue Wörter und Fachbegriffe auftauchten, von denen viele neue Bedeutungen erhielten.

Die **Annexion** ist kein neues Wort, es hat aber nach der aggressiven illegalen Besetzung des ukrainischen Territoriums auf der Krimhalbinsel durch Russland beträchtliche Popularität erlangt.

Anti-Majdan bezeichnet künstlich organisierte Protestwellen, Veranstaltungen und Zusammenschlüsse von Bürgern, die sich 2013-2014 gegen die demokratischen revolutionären Kräfte in der Ukraine aussprachen. Sehr oft erhielten die Teilnehmer solcher Aktionen Geld und andere materielle Belohnungen.

Die **ATO** ist die Anti-Terror-Operation, die mit dem Beginn der russischen Aggression auf dem Territorium der Ukraine im Jahr 2014 begann. Sie wurde eingeführt als Alternative zum Kriegsrecht, das damals aufgrund verfassungsrechtlicher Normen nicht erklärt werden sollte, da dieses die politischen Prozesse, insbesondere die Präsidentschaftswahlen, hätte stoppen können.

Der **Bot** ist ein nichtrealer Internetuser, der politische und soziale Nachrichten kommentiert, Panik in sozialen Netzwerken und in Kommentaren unter hochkarätigen Veröffentlichungen in Online-Medien verbreitet. Bots haben gefakte Namen, Fotos und persönliche Personenangaben, ihre Position wird immer an den Auftraggeber angepasst. Ein Anwender kann mehrere Bots steuern, manchmal bis zu mehreren Dutzenden.

Cyborg ist ein Begriff, den in der modernen ukrainischen und russischen Bedeutung russische Journalisten erfunden haben, die versuchten, dem russischen Publikum in ihren Nachrichten weißzumachen, dass der Flughafen Sergej Prokofjew Donezk nicht von ukrainischen Soldaten und Freiwilligen, sondern von Cyborg-Robotern verteidigt wird. Es handelt sich hierbei um eine Anleihe aus einem Hollywood-Film, denn Menschen könnten angeblich nicht so selbstlos kämpfen.

Die **Dekommunisierung** ist die Abkehr von der sowjetischen Ideologie, bei der die Grundlagen der kommunistischen Ideologie aus Kultur, Sprache, Architektur und als Namensgeber von Städten entfernt werden.

Dobrobat ist eine Abkürzung für „Freiwilligenbataillon".

Fake ist eine gefälschte Nachricht, die zum Zweck der politischen Manipulation erstellt wurde. Das Wort kommt aus dem Englischen fake – Fälschung.

Junta ist ein Wort, das in den prorussischen Medien weit verbreitet ist und hier „die ukrainische nach der Flucht von Wiktor Janukowytsch gewählte Regierung" bedeutet. Den Überlegungen der Schöpfer des Begriffs zufolge sollte der Begriff zu Assoziationen mit den „blutigen Juntas" in Lateinamerika führen.

Der **Kombat** ist der Führer bzw. Kommandant eines Militärbataillons.

Der **Kreml** ist ein architektonisches Bauwerk am zentralen Platz von Moskau, das als Wohn- und Arbeitsort der Staatsoberhäupter diente. In der Zeit des unabhängigen Russland erlangte er eine negative politische Bedeutung als Ort, an dem autokratische, kriminelle, in Bezug auf andere Länder antinationale Entscheidungen getroffen werden.

Leninopad ist die groß angelegte Welle des Abrisses von Lenin-Denkmälern, die die Ukraine Ende 2013 bis Anfang 2014 erfasste. Während des Leninopads wurden mehr als 1.500 Denkmäler abgerissen und eine Internet-Plattform eingerichtet, um ein Gesetz zur Dekommunisierung zu verabschieden.

Medien-Gastspieler sind professionelle fiktive Figuren, die Zeugen, Opfer oder Betroffene werden. Sie präsentieren emotional die für den politischen Auftraggeber notwendigen Informationen, die Moskau während der russischen Aggression auf dem Territorium der Ukraine aktiv nutzte.

Minstets ist ein beliebter Name für das Ministeriums für Informationspolitik, das speziell für den Freund und Partner von Präsident Petro Poroschenko, den ehemaligen Manager seines Fernsehsenders, Jurij Stez, geschaffen wurde. Das Ministerium wurde eingerichtet, um der russischen Propaganda entgegenzuwirken, konnte jedoch nicht richtig mit Journalisten und der Medien-Community zusammenarbeiten. Sehr oft wurde es verglichen mit dem Ministerium für Wahrheit aus Orwells Buch „1984".

OSINt, aus dem Englischen, *Open source intelligence*, ist die anhand von offenen Quellen von Volontären und ganzen Organisationen praktizierte Aufklärung, um die notwendigen Informationen für militärische und andere Zwecke zu sammeln.

Der **Separatist** ist eine Person, die sich für die Trennung von Land vom legitimen Staatsgebilde einsetzt.

Temnyky sind Anweisungen von Regierungsbeamten an die Medien, welchen Ereignisse sie Aufmerksamkeit schenken, wie sie sie behandeln und worauf sie sich konzentrieren sollen.

UkrOpy / Ukry sind Begriffe, die von prorussischen Streitkräften eingeführt wurden, um ukrainische Soldaten zu bezeichnen. UkrOp, eine Abkürzung für „Ukrainischer Widerstand", hat ein Analogon in der Landwirtschaft, den Dill. Der Begriff hat weit verbreitete Popularität unter den Ukrainern gewonnen. Eine gleichnamige Partei *UkrOP*, Ukrainische Vereinigung der Patrioten, wurde 2014 gegründet.

Der **Watnyk** ist ein Vertreter kremlfreundlicher Ansichten, der ohne nachzudenken Informationen aus den vom Kreml kontrollierten Medien als wahr übernimmt und an alle gefälschten Nachrichten glaubt. Das Wort kommt vom Namen einer Oberbekleidung, die wegen ihrer Füllung als wattierte Steppjacke bezeichnet wird.

Dank

Besonderer Dank geht an meine Verwandten, Freunde, die Mitarbeiter des Analysezentrums „Politik" und an alle, die an der Erstellung des Buches mitgewirkt haben:

Ihor Popow, Wadim Karasew, Oleksandr Sosowskyj, Petro Ochotin, Wolodymyr Krawzenjuk, Oleksandr Baraboschko, Victor Vella, Oleh Lisnyj, Dmytro Lewus, Wolodymyr Zybulko, Anastasija Kowatsch-Petruschenko, Oleksandra Serwezka, Teltjana Hrebenik, Andrij Losow, Ihor Dawydjuk, Iryna und Anton Drobowytsch, Diana Kutscher.

Mein besonderer Dank gilt denjenigen, die einem Interview zugestimmt und ihre eigenen Erfahrungen und Informationen geteilt haben, darunter Ihor Solowjow, Jurij Karin, Olesja Jachno, Mart Soonik, Mustang Wanted, Wiktor Tscherneschuk, Jaroslav Pešek, Wolodymyr Wjatrowytsch und Denys Bogusch.

Dank an alle, die Feedback gegeben haben.

Dank an die Mitarbeiter des Verlages Smoloskyp und an alle, die sich engagieren.

UKRAINIAN VOICES

Collected by Andreas Umland

1   *Mychailo Wynnyckyj*
    Ukraine's Maidan, Russia's War
    A Chronicle and Analysis of the Revolution of Dignity
    With a foreword by Serhii Plokhy
    ISBN 978-3-8382-1327-9

2   *Olexander Hryb*
    Understanding Contemporary Ukrainian and Russian Nationalism
    The Post-Soviet Cossack Revival and Ukraine's National Security
    With a foreword by Vitali Vitaliev
    ISBN 978-3-8382-1377-4

3   *Marko Bojcun*
    Towards a Political Economy of Ukraine
    Selected Essays 1990–2015
    With a foreword by John-Paul Himka
    ISBN 978-3-8382-1368-2

4   *Volodymyr Yermolenko (ed.)*
    Ukraine in Histories and Stories
    Essays by Ukrainian Intellectuals
    With a preface by Peter Pomerantsev
    ISBN 978-3-8382-1456-6

5   *Mykola Riabchuk*
    At the Fence of Metternich's Garden
    Essays on Europe, Ukraine, and Europeanization
    ISBN 978-3-8382-1484-9

6   *Marta Dyczok*
    Ukraine Calling
    A Kaleidoscope from Hromadske Radio 2016–2019
    With a foreword by Andriy Kulykov
    ISBN 978-3-8382-1472-6

7   *Olexander Scherba*
    Ukraine vs. Darkness
    Undiplomatic Thoughts
    With a foreword by Adrian Karatnycky
    ISBN 978-3-8382-1501-3

8   *Olesya Yaremchuk*
    Our Others
    Stories of Ukrainian Diversity
    With a foreword by Ostap Slyvynsky
    Translated from the Ukrainian by Zenia Tompkins and Hanna Leliv
    ISBN 978-3-8382-1475-7

9   *Nataliya Gumenyuk*
    Die verlorene Insel
    Geschichten von der besetzten Krim
    Mit einem Vorwort von Alice Bota
    Aus dem Ukrainischen übersetzt von Johann Zajaczkowski
    ISBN 978-3-8382-1499-3

10 *Olena Stiazhkina*
    Zero Point Ukraine
    Four Essays on World War II
    Translated from the Ukrainian by Svitlana Kulinska
    ISBN 978-3-8382-1550-1

11 *Oleksii Sinchenko, Dmytro Stus, Leonid Finberg (compilers)*
    Ukrainian Dissidents
    An Anthology of Texts
    ISBN 978-3-8382-1551-8

12 *John-Paul Himka*
    Ukrainian Nationalists and the Holocaust
    OUN and UPA's Participation in the Destruction of Ukrainian Jewry, 1941–1944
    ISBN 978-3-8382-1548-8

13 *Andrey Demartino*
    False Mirrors
    The Weaponization of Social Media in Russia's Operation to Annex Crimea
    With a foreword by Oleksiy Danilov
    ISBN 978-3-8382-1533-4

14 *Svitlana Biedarieva (ed.)*
    Contemporary Ukrainian and Baltic Art
    Political and Social Perspectives, 1991–2021
    ISBN 978-3-8382-1526-6

15 *Olesya Khromeychuk*
    A Loss
    The Story of a Dead Soldier Told by His Sister
    With a foreword by Andrey Kurkov
    ISBN 978-3-8382-1570-9

16 *Marieluise Beck (Hg.)*
    Ukraine verstehen
    Auf den Spuren von Terror und Gewalt
    Mit einem Vorwort von Dmytro Kuleba
    ISBN 978-3-8382-1653-9

17 *Stanislav Aseyev*
    Heller Weg
    Geschichte eines Konzentrationslagers im Donbass 2017–2019
    Aus dem Russischen übersetzt von
    Martina Steis und Charis Haska
    ISBN 978-3-8382-1620-1

18 *Mykola Davydiuk*
    Wie funktioniert Putins Propaganda?
    Anmerkungen zum Informationskrieg des Kremls
    Aus dem Ukrainischen übersetzt von Christian Weise
    ISBN 978-3-8382-1628-7

19 *Olesya Yaremchuk*
    Unsere Anderen
    Geschichten ukrainischer Vielfalt
    Aus dem Ukrainischen übersetzt von Christian Weise
    ISBN 978-3-8382-1635-5

20 *Oleksandr Mykhed*
    „Dein Blut wird die Kohle tränken"
    Über die Ostukraine
    Aus dem Ukrainischen übersetzt von Simon Muschick
    und Dario Planert
    ISBN 978-3-8382-1648-5

21   *Vakhtang Kipiani (Hg.)*
      Der Zweite Weltkrieg in der Ukraine
      Geschichte und Lebensgeschichten
      Aus dem Ukrainischen übersetzt von Margarita Grinko
      ISBN 978-3-8382-1622-5

22   *Vakhtang Kipiani (ed.)*
      World War II, Uncontrived and Unredacted
      Testimonies from Ukraine
      Translated from the Ukrainian by Zenia Tompkins and Daisy Gibbons
      ISBN 978-3-8382-1621-8

ibidem.eu